섬 소년, 바다의 왕이 되다

장보고와 정년의 해상 무역 이야기

섬 소년, 바다의 왕이 되다

황영옥 글 · 백대승 그림
전국초등사회교과모임 감수
서울대 뿌리깊은 역사나무 추천

차례

꿈 6

섬 소년들 17

굴레를 떨치고 28

항해 39

별천지 신라방 50

갈림길에서 67

용병의 길 80

산동반도 92

날개를 펼치다 102

큰 뜻을 품고 신라로 116

청해진 128

깊이 보는 역사 - 해상 무역 이야기 141

작가의 말 150

참고한 책 152

꿈

어디로 이어지는지 알 수 없는 길이었어요. 막다른 듯 꺾어지며 끝없이 이어지는 모퉁이를 돌 때마다 어둠이 한 겹씩 짙어졌어요.

연이는 곧장 어둠을 향해 걸어가고 있었어요.

무엇에 성이 난 듯 불퉁스러운 걸음새였어요.

어둠이 금방이라도 연이를 집어삼킬 것 같아 궁복은 애가 탔어요.

'연아, 돌아와!'

'돌아오라고!'

이상한 일이었어요.

어째서 목소리가 나오지 않는 걸까요.

달려도 달려도 좁혀지지 않는 거리는 또 어찌된 노릇일까요.

궁복은 안타깝다 못해 부아가 치밀어 올랐어요.

'당장 멈춰! 말 안 들으면 같이 안 논다!'

'같이 안 논다'는 연이가 제일 무서워하는 말이었어요.

그제야 귓구멍이 뚫렸다는 듯 연이가 뒤를 힐끗 돌아보았어요.

돌아보면서 피식 코웃음을 치는 모습이 삐딱했지만 별반 괘씸하단 생각은 들지 않았어요. 괘씸하기는커녕 돌아봐 준 것만도 고맙고 반가워서 궁복은 목청껏 연이의 이름을 외쳐 불렀어요.

'연아!'

'돌아와라, 연아!'

궁복은 끌어안을 듯 두 팔을 내밀며 거듭 소리쳤어요.

지금 붙잡지 않으면 영영 놓치고 말 것 같은 조바심이었지요.

하지만 연이는 알 바 아니라는 듯 쌀쌀맞게 고개를 돌려 버렸어요.

'연아!'

궁복은 다급하게 부르짖었어요.

부르짖으며 불끈 솟구쳐 연이를 덮쳤다고 생각했어요.

한데 어찌된 일일까요.

온몸이 허전해지면서 문득 모든 것이 지워져 버렸어요. 디디고 섰던 길도, 끝없이 이어지던 모퉁이도 간데없는 허공이 컴컴하게 궁복을 에워쌌어요.

시간도 공간도 없는 어둠 속에 연이를 잃어버렸다는 느낌만 칼에 베인 듯 생생해서 궁복은 참았던 울음을 터뜨리고 말았어요.

'연아…….'

'돌아와라…… 연아…….'

잠을 깨운 건 멀리서 들리는 북소리였어요.

둥! 둥! 둥!

첫 북이 울고 있었어요. 그것이 하루의 시작을 알리는 북소리라는 것쯤은 꿈결에도 단박 알 수 있었어요.

둥! 둥! 둥!

북소리가 좀 더 선명해졌어요. 꿈속에서 궁복이었던 장보고는 얼굴을 찡그리며 자리에서 일어나 앉았어요. 궁복에서 장보고로 돌아오는 데는 늘 얼마간의 시간이 필요하지요. 하지만 지금은 멍하니 앉아 있을 때가 아니었어요. 여느 날이면 벌써 부장을 재촉하여 섬 안을 한 바퀴 휘몰아치고도 남았을 시각이거든요.

새벽 순시는 청해진 대사 장보고가 으뜸으로 챙기는 일과였어요. 군진 건설을 감독하느라 자고 먹는 일조차 돌볼 틈 없는 나날이었지요. 잠으로 허비하는 밤이 길고 지루하게만 느껴지는 장보고에게 새벽 순시는 하루의 원기를 북돋는 최고의 활력소였어요.

꽝! 꽝! 꽝!

북소리가 잦아든 공중에 망치 소리가 울려 퍼졌어요. 부지런한 일꾼들이 벌써 하루 일을 시작한 것이었지요. 장보고는 고개를 흔들어 새벽 꿈자리의 여운을 털어 냈어요.

꽝! 꽝! 꽝! 꽝!

잦아지고 높아지는 망치 소리를 따라 자리끼*를 들이켜고 옷을 갈아입는 몸짓이 저도 몰래 빨라졌어요. 남쪽 바다 작은 섬 기슭에서 바야흐로 새 역사가 시작되려는 참이었어요. 스스로 역사를 만들어 가려는 자에게 감상에 젖어 꾸물거릴 시간이란 있을 수 없지요.

막사를 나서는 장보고의 표정은 어느덧 덤덤했어요. 대기하고 있던 부장이 미처 허리를 구부렸다 펴기도 전에 부지런한 발길은 이미 작업장으로 내닫고 있었어요.

쮸쮸 찌이 찌이 찌이.

동백 숲에 사는 동박새들이 부장보다 호들갑스럽게 문안을 올렸어요. 새소리 따라 금빛 햇살을 두른 장군섬이 우줄우줄 일어나고, 청해진의 눈부신 아침이 밝아 왔어요.

선착장 쪽에서는 마을 사람들이 목책 공사에 열중해 있었어요. 말뚝을 다듬는 처녀도 망치를 휘두르는 청년도 신명이 절로 나는 얼굴이었어요. 청해진 건설에 일손을 보태고 있다는 자랑이 눈짓에서도 손짓에서도 물씬물씬 묻어나는 듯했어요.

강산도 변한다는 10년 세월이 오고 가도 그날이 그날이던 벽촌이었지요. 어느 집 노인네가 죽으면 어느 집에는 아이가 태어나는 이치로 시간의 흐름을 가늠하는 게 고작이던 사람들이었어요.

그런데 하루아침에 세상이 달라졌어요. 자고 나면 넓어지고 자고 나

---

* 밤에 자다가 마시기 위하여 잠자리의 머리맡에 준비하여 두는 물.

면 높아지는 신기루가 눈앞에 펼쳐진 거예요. 바로 청해진 대사 장보고가 군진을 건설한다는 소식이었지요.

"군진이 완공되면 청해가 세상의 중심이 된다는구먼."

"그러게. 저 바다 너머 온 세상으로 물길이 열린다지."

"물길 따라 온 세상 배들이 청해로 모여들고, 흉악한 바다 도적 무리도 깨끗이 사라지게 될 거라던데?"

사람들은 제 눈과 귀가 의심스러워 고개를 갸웃거렸어요. 이름 없는 백성들이 조상 대대 살아온 작은 섬마을에 그런 엄청난 일이 일어난다는 게 믿어지지 않았어요.

하지만 알고 보면 청해는 신라와 당나라, 일본을 잇는 해상 교통의 요지였어요. 당나라의 명주*나 양주**, 등주***에서 출발하여 흑산도를 돌아 신라 연안의 여러 포구에 이르거나, 더 나아가 일본 서부 지역까지 항해하는 배들의 상당수가 청해를 경유하는 항로를 이용하고 있었어요.

당나라에서 귀국한 장보고가 왕을 뵙고 군진 설치를 주청할 때 그의 머릿속에는 처음부터 청해가 유일한 후보지로 자리 잡고 있었어요. 청해에서 나고 자란 장보고는 일대의 바닷길, 물길을 손금 들여다보듯 훤히 알고 있었어요. 주변 해로를 아우르는 무역 거점이자 해적 소탕에 유리한 군사 기지로서 청해보다 나은 장소는 없다고 그는 확신했어요.

---

* 밍저우.

** 양저우.

*** 덩저우. 산둥반도에 위치한 펑라이의 옛 이름.

왕은 군진 건설을 허락하고 장보고를 청해진 대사로 임명했어요. 장보고는 군사 1만을 통솔하여 즉각 공사에 착수했어요.

청해 본섬의 장좌 마을과 죽청 마을 일대는 삼면이 바다로 트여 먼 곳까지 훤히 바라볼 수 있었어요. 수심이 깊어 배를 대기도 쉽고 태풍을 피하기에도 유리한 지형이었지요. 이곳에 훈련장과 조선소, 창고와 마구간을 짓고 장좌 앞바다 장군섬에 청해진 본영을 설치한다는 게 장보고의 구상이었어요.

조음섬 또는 장도라고도 불리는 장군섬은 장좌 마을 현장에서 빤히 건너다보이는 작은 무인도였어요. 엎어 놓은 전복을 빼닮은 평평하고 둥글넓적한 섬이었지요. 하루 두 차례 썰물 때는 본섬에서 걸어서도 왕래가 가능하고, 꼭대기에 오르면 남해안 일대와 멀리 당나라의 산동반도를 오가는 선박들을 한눈에 살필 수 있어 본영의 위치로 안성맞춤이었어요.

무엇보다 장군섬은 천혜의 요새로서 깎아지른 절벽이 섬의 동·남·북면을 에워싸 외부로부터의 접근을 차단하고 있었어요. 바다로 열린 서쪽 해안으로만 배와 사람이 드나들 수 있었는데, 장보고는 여기에 선착장을 만들고 남은 둘레를 목책으로 둘러막아 물 샐 틈 없는 진지*를 구축할 계획이었어요. 목책 안으로는 다시 섬 전체를 감아 도는 내성과 외성이 이중 삼중의 방어선으로 철옹성의 위엄을 더할 예정이었지요.

긴가민가하던 사람들의 두 눈은 갈수록 휘둥그레졌어요. 뽕나무 밭이 바다가 된들 이런 난리일까요. 조용하던 섬마을에 말과 소와 장정 1만 명이 뒤섞여 북적거리는 자체가 사건이었지만, 섬사람들을 가장 흥분하게 만드는 건 청해진 대사 장보고가 이 고을 출신이라는 사실이었어요.

사람들은 눈만 마주치면 시간 가는 줄 모르고 이야기꽃을 피웠어요. 사람 사는 곳이면 한둘씩 있게 마련인 허풍쟁이들은 물 만난 고기처럼 신바람이 나서 이 마을 저 마을 나발을 불고 다녔어요. 장보고가 바다 위를 걸어 다니는 걸 봤다는 둥 당나라 황제가 몸소 신라방을 찾아 장보고의 귀국을 눈물로 말렸다는 둥 이야기가 마을을 넘어 이웃 고을까지 퍼져 나갔어요.

장보고가 이랬다더라. 장보고가 저랬다더라.

눈덩이처럼 굴러다니며 몸집을 불리는 이야기를 전해 들을 때마다 장보고는 쓴웃음을 삼켰어요. 그는 한 번도 자신을 특별한 사람이라고 생각해 본 적이 없었거든요. 소문처럼 비를 부르는 능력도 하늘을 나는

---

* 언제든지 적과 싸울 수 있도록 설비 또는 장비를 갖추고 부대를 배치하여 둔 곳.

재주도 그는 갖고 있지 않았어요. 그 역시 마을 사람들과 마찬가지로 섬에서 나고 자란 평범한 섬사람일 뿐, 자랑이라면 지나온 하루하루를 잠시도 게으름 피지 않고 걸어왔다는 사실뿐이지요.

새벽에 눈떠 오후가 기울어 가는 시각까지 장보고의 하루는 숨 돌릴 틈이 없었어요. 장마가 닥치기 전에 뼈대라도 마무리하려고 여러 작업을 동시에 진행하고 있는 터라 여기저기 흩어져 있는 공사장들을 한 바퀴 둘러보는 것만으로도 하루가 빠듯했어요.

망대*에 올라서면 품에 안길 듯 다가드는 바다를 향해 장보고는 깊은 숨을 들이마셨다 내쉬었어요. 온 세상의 금은보화를 싣고 청해진 앞바다를 오가는 선박들의 모습이 떠올랐어요.

드넓은 훈련장에서 활을 쏘고 말을 타는 군사들.

끊임없이 들고 나는 사람들과 배들로 붐비는 포구.

오래 꾸어 왔던 꿈이 마침내 현실로 다가오고 있었어요.

먼 바다에 던져 둔 장보고의 시선이 잠시 일렁거렸어요.

20년 전 맨주먹 맨몸으로 건넜던 바다. 그날로부터 오늘에 이르는 먼 길을 한눈팔지 않고 걸어왔지요. 걷는 자의 최선은 멈추지 않는 것. 지치고 힘든 날도 많았지만 걸음을 멈춘 적 없는 그의 옆에는 늘 든든한 길동무가 있었지요.

'연아……'

장보고의 입술이 보일 듯 말 듯 달싹였어요.

---

* 적이나 주위의 동정을 살피기 위하여 높이 세운 곳.

작업에 몰두하느라 잊고 있었던 새벽꿈의 기억이 슬며시 고개를 들었어요.

'연아……'

반년도 못 되는 이별이 천년처럼 까마득한데 당나라에서 오는 배는 오늘도 기척이 없었어요. 저녁 찬거리를 건지러 나온 고깃배 몇 척이 연안을 기웃거릴 뿐 수평선은 여전히 비어 있었어요.

쮸쮸 찌이 찌이 찌이.

동백나무 우듬지에서 동박새가 울고 있었어요. 저물기 전에 잠자리를 보아 두려는 듯 날갯짓이 부산했어요.

장보고는 바다에서 눈길을 거두어 동백나무를 바라봤어요. 언제부터 그 자리에 서 있었을까요. 나무 역시 무언가를 기다리고 있는 듯한 모습이었어요. 기다림에 겨워 아름이 넘어 버린 모습으로 나무가 지그시 장보고를 건너다보았어요.

쮸쮸 찌이 찌이 찌이.

장보고는 묵묵히 귀를 기울였어요. 나무의 침묵엔 듯 새소리엔 듯, 정적이 꽤 길었다 싶어서야 그가 부장을 돌아보았어요.

"가지."

짧게 내뱉고 걸음을 떼어 놓는 게 거의 동시였지요. 이어 성큼성큼 망대를 내려가는 그의 뒷모습은 묵직할 뿐 더는 흔들리지 않았어요.

섬
소년들

 돌이켜 보면 꿈같은 이야기이지요. 귀족 세도가의 후예는커녕 지방 관리나 고을 유지의 자제도 못 되는 가난한 섬 소년이 동아시아의 해상권을 한손에 거머쥔 바다의 왕자로 천하를 호령하게 되다니요. 더욱이 당시는 섬마을 출신이라면 평민 축에도 못 드는 천민으로 취급되던 시절인데 말이지요. 그 놀라운 이야기는 지금으로부터 1,200년을 거슬러 오르는 아득한 옛날, 먼 남녘 바닷가의 어느 외진 백사장에서 시작됩니다. 신분의 굴레와 가난을 떨치고 역사 속에 우뚝 선 우리의 주인공과 평생 그의 곁에서 눈비를 함께 맞은 길동무에 관한 이야기입니다.

 "형이 형이고 내가 아우니까 비기면 내가 이기는 거지."
 "네 말 맞다."

"그러니까 내가 지더라도 사실은 비기는 게 되는 거지. 내가 아우니까."

"네 말 맞다."

조용하던 백사장 한쪽이 이른 아침부터 소란스럽습니다. 자맥질 시합이라도 한바탕 벌일 모양인지 바지저고리를 모래밭에 되는 대로 벗어 던지며 조금 어린 소년이 조금 나이 든 소년에게 거듭 다짐을 두고 있네요. 다짐이라기보다는 떼를 쓰는 모양새에 가깝지만 나이 든 소년은 그저 싱글싱글 미소만 짓고 있군요.

소년의 이름은 궁복입니다. 궁복에게 떼를 쓰고 있는 건 정년이라는 동네 동생이고요. 둘은 청해 바닷가 마을에서 태어나 함께 자랐습니다. 정년이 궁복보다 두 살 아래였지만 마을에 또래 친구들이 없었기 때문에 둘은 늘 쌍둥이처럼 어울려 다녔지요.

섬 소년들에게 최고의 놀이터는 바다였어요. 잠수와 자맥질만으로도 하루해는 금방 가지요. 무쇠 같은 팔다리와 고래처럼 튼튼한 심장은 놀이에 따라오는 덤이고요. 놀다가 출출해지면 부싯돌을 켜서 물고기를 굽습니다. 잠수로 따 올린 굴이나 소라를 곁들이면 진수성찬이 따로 없는 한 상이 되지요.

배가 불러 오면 알몸에 따끈한 모래를 덮고 즐기는 낮잠이 꿀맛입니다. 물론 낮잠은 물 위에서도 즐길 수 있지요. 송장헤엄으로 살살 발장구를 치면서 물 위에 누워 깜빡깜빡 조는 맛이 그만입니다.

물속에서 놀다가 돌문어라도 두어 마리 얻어걸리면 기분은 찢어지지요. 문어 몇 마리에 과한 칭찬까지 기대하진 않더라도 허구한 날 어딜 그리 쏘다니느냐는 부모님의 잔소리는 너끈히 면할 수 있었으니까요.

하지만 뭐니 뭐니 해도 가장 재미있는 건 둘이서 벌이는 시합이었지요. 빨리 헤엄치기, 멀리 헤엄치기 같은 경주는 기본이고, 낙지를 잡거나 굴이며 전복을 따는 일도 승부를 걸고 하면 열 배는 재미있었어요.

결과는 대체로 궁복이 한 번 이기면 정년이 한 번 이기는 꼴이었어요. 궁복이 몸집이 크고 힘이 센 반면 물질 쪽은 정년이 한수 위였지요. 정년은 물속으로 50리를 가는 실력에다 승부욕마저 대단해서 형인 궁복에게도 지려고 하지 않았어요. 두 번을 거푸 지면 분이 나서 잠도 못 자고 이튿날 깜깜 새벽부터 찾아와 궁복을 불러내는 오기 대장이었지요.

궁복으로 말하자면 지건 이기건 별 상관이 없었어요. 놀자고 하는 시합이야 재미있으면 그뿐이니까요. 다만 무엇에나 최선을 다하는 태도가 몸에 밴데다 어린 정년의 뿔난 송아지처럼 덤비는 모습이 밉지 않아서 매번 기꺼운 마음으로 임하는 것뿐이었지요.

형으로서 아우뻘 되는 녀석에게 이긴들 진들 자랑스러울 것도 대수로울 것도 없다는 게 궁복의 생각이었어요. 반면에 정년은 승부에 꽤나 집착하는 편이어서 제 쪽이 조금이라도 불리하다 싶으면 갖은 말로 억지를 부리며 아득바득 우기곤 했어요.

"형이 형이고 내가 아우니까 비기면 내가 이기는 거다."

"형이 형이고 내가 아우니까 내가 지면 비기는 거다."

궁복은 저 필요할 때만 서열을 따져드는 정년이 귀여울 따름이었어요. 동생 겸 친구 하나 있는 게 마냥 순하기만 해서야 무슨 재미가 있겠는가 말입니다. 정년의 솔직하고 근성 있는 성품을 궁복은 아꼈어요.

정년과 비교하자면 궁복의 성격은 대범하고 신중한 편이었어요. 결단력 있고 담대하면서도 필요 이상 서둘거나 넘치는 법이 없었지요. 두 살 맏이라기엔 믿어지지 않게 듬직하고 속 깊은 궁복을 정년이 믿고 따르는 건 당연한 일이었어요.

지루하고 따분한 섬 생활에 서로가 없었더라면 어쩔 뻔했을까요. 엄마 젖도 떼지 않은 어린 시절부터 거울 보듯 서로의 얼굴을 들여다보며 자란 두 사람이었어요. 썰물 때면 갈라져 장군섬까지 길을 내는 앞바다처럼 때로 기분이 상한 채 등 돌리고 집으로 돌아가는 저녁이 없지 않았지요. 그러나 밀물이 들면 바다는 언제 그랬냐는 듯 출렁이며 어우러지고, 둘의 마음도 이내 밀물처럼 차오르곤 했어요.

섬 살림은 식구 수대로 부지런을 떨어야 빠듯이 입치레나 할 정도였어요. 미역을 줍든 그물을 깁든, 이제 갓 걸음마를 뗀 갓난아이도 숨만 붙은 노인네도 제 밥값은 해야 할 판이었지요.

궁복과 정년 역시 잔뼈가 여물기도 전부터 집안일에 나섰어요. 힘이 좋고 일손이 다부져 농사일이건 뱃일이건 장정 한몫은 거뜬했지요.

하지만 아이들이 일을 하는 건 놀 시간을 벌기 위해서였어요. 아침에 아버지가 시킨 일거리만 후딱 해치우고 나면 둘은 약속이 없어도 곧장 마을 뒷산 너럭바위로 달려가곤 했어요. 너럭바위에서는 죽청 앞바다가

한눈에 내려다보였어요. 바위 뒤쪽 풀밭은 넓고 평평해서 뜀박질도 너끈했지요.

궁복과 정년이 물놀이에 이어 재미를 붙인 건 무술 훈련이었어요. 죽청 나루에는 해안 경비 초소가 있었거든요. 관아에서 나온 병사들이 초소에 머물며 순찰을 돌거나 훈련을 하곤 했어요. 청해 앞바다를 오가는 무역선이나 인근 백성들의 생명과 재산을 해적들로부터 지키기 위해 파견된 병사들이었지요.

궁복과 정년은 틈만 나면 너럭바위에 엎드려 병사들이 훈련하는 모습을 훔쳐보곤 했어요. 그러고는 나뭇가지로 활과 창을 만들어 병사들이 하던 대로 흉내 내 보았어요.

농사일과 뱃일이 따분해서 몸살이 나려던 참이었어요. 꿈도 낙도 없는 섬 무지렁이로 평생 살아갈 일이 숨 막히던 차에 눈에 들어온 병사들의 모습은 꽤나 근사해 보였어요.

그즈음 해적들이 출몰하여 주민들을 닥치는 대로 잡아간다는 소문이 바닷가 마을을 휩쓸고 있었어요. 해적들은 사람들을 납치해서 당나라에 노비로 팔았는데, 젊은 여자와 아이들은 좋은 값을 받을 수 있기 때문에 해적들이 노리는 표적이 되고 있다고 했어요.

궁복과 정년은 병사가 되어 해적을 무찌르는 데 앞장서고 싶었어요.

"사나이로 태어났으면 최소한 해적 정도는 상대해 줘야지."

정년은 벌써 병사가 되기라도 한 듯 들떠서 우쭐거렸어요.

"언제까지 문어, 낙지나 상대하고 있을 순 없잖아. 안 그래?"

"그래."

"장난치지 말고."

"장난 아니다."

"그럼 우리 같이 병사가 되는 거야?"

"그래."

"우와! 신난다!"

둘은 너럭바위 아래쪽에 구덩이를 파고 갈대와 생솔가지를 꺾어다 진지를 만들었어요. 활과 창을 비롯한 훈련 도구를 보관해 두고 쓰기 위해서였어요. 진지 건너편으로는 활쏘기 훈련을 위한 과녁을 설치하고 허수아비도 늘어세워 창검술을 익힐 수 있도록 했어요.

두 소년의 무예 실력은 하루가 다르게 발전했어요. 정년은 창을 좋아했고 궁복은 활 솜씨가 뛰어났지요. 배운 적도 없고 가르쳐 주는 사람도 없었지만 둘의 실력은 어느새 병사들의 흉내나 내는 수준을 훌쩍 뛰어넘고 있었어요.

　당시 궁복의 집에서는 군마로 쓸 망아지를 맡아서 돌보고 있었어요. 아버지 눈에 띄면 경을 칠 노릇이었지만 궁복은 틈만 나면 몰래 망아지를 끌어내어 정년과 함께 말타기 훈련을 했어요.

　말을 타고 달리면서 나는 새를 쏘아 맞히는 궁복의 활 솜씨는 시샘 많은 정년조차 감탄할 정도였지요. 반면 정년은 창날로 땅을 짚고 제비를 넘어 달리는 말에 올라타는 재주가 자랑거리였어요.

　창이든 활이든 즐거운 건 둘이 함께한다는 사실이었어요. 훈련에 지치면 몸을 담글 바다가 코앞인 것도 즐거웠지요. 땀에 젖은 몸을 던져 장군섬까지 한바탕 헤엄을 치고 나면 가슴이 뻥 뚫린 듯 후련하고 상쾌했어요. 가쁜 숨을 고르며 백사장에 드러누워 흰 구름을 쳐다보노라면 둘의 마음도 구름처럼 두둥실 흘러가는 것 같았어요.

　"빨리 어른이 됐으면 좋겠다."

　정년이 지루하다는 듯 한숨을 쉬었어요.

　"어른이 돼서 뭐 하게?"

　궁복은 시치미를 떼며 정년을 약올렸어요.

　"뭘 하긴! 병사가 되고 장군이 돼야지!"

　"병사만 되면 누구나 장군이 된다던?"

　"난 될 거야! 해적을 많이 잡을 거니까!"

　해적 잡는 병사가 되어 큰 공을 세우고 신라 제일의 장수가 되는 게 정년의 꿈이었어요.

"형도 장군이 돼야지. 우리 같이 장군이 돼야지."

정년은 당연하다는 듯 궁복을 쳐다보았어요.

"글쎄."

궁복은 꼭 장군이 되겠다고 결심한 건 아니었어요.

"무슨 대꾸가 그래? 같이 병사가 되기로 해 놓고선."

정년이 조바심을 내며 따져들 때마다 궁복은 뭔가 생각에 잠긴 얼굴이 되곤 했어요.

"병사도 좋고 장군도 좋지. 하지만 세상에는 그보다 더 훌륭하고 멋진 일도 있지 않을까?"

"그게 뭔데?"

"글쎄."

"싱겁다! 병사가 안 될 거면 훈련은 왜 해?"

"훈련은 해야지, 뭐가 되든."

"왜?"

"장차 큰일을 하려면 몸을 단련시켜 놓는 게 중요하니까."

"그래서 혼자 큰일을 하러 떠나겠다고?"

"왜 혼자야? 뭐든 둘이서 함께해야지."

정년의 마음은 이쯤에서 사뭇 머뭇거려졌어요.

"난 장군이 되고 싶은데……."

"그럼 장군이 되려무나."

궁복은 등이라도 떠밀어 줄 것처럼 덤덤한 얼굴이었어요. 정년은 궁복이 덤덤할수록 애가 달았어요.

"형은 어쩔 건데? 어디 가서 뭘 할 건데?"

"글쎄. 아직 모르겠대도."

"싫어! 안 돼! 형도 나랑 같이 장군이 돼야지."

궁복이 고개를 끄덕일 때까지 정년은 떼를 쓰며 졸라 대곤 했어요. 그래도 궁복이 웃고만 있으면 정년은 궁복의 손을 끌어다 기어이 새끼손가락을 걸게 했어요.

"분명히 약속한 거야. 나랑 같이 장군이 되기로."

"알았으니 그만하렴. 어떤 장사가 널 당하겠냐."

궁복은 결국 고개를 끄덕이고 정년은 그제야 얼굴이 환해졌어요.

"딴소리하기 없기!"

"알았대도."

"우와! 신난다!"

금세 기분이 풀어져 '신난다!'를 외쳐 대는 정년을 보면 궁복도 마음이 흐뭇해졌어요. 사실 정년과 헤어져 다른 길을 간다는 상상은 궁복 역시 해 본 적이 없었거든요.

가슴이 벅차올라 해변을 치달리면 흰 구름이 손에 잡힐 듯했어요. 꿈 많은 소년들을 방해할 걸림돌 따위는 존재하지 않을 것 같았어요. 함께라면 겁날 게 없던 둘의 앞길에 넘을 수 없는 장벽이 가로놓여 있을 줄 어린 궁복과 정년은 미처 알지 못했어요.

굴레를
떨치고

남녘 섬마을 아이들에게 서라벌은 선망과 동경의 대상이었어요. 화려한 궁궐 담 사이로 높은 탑이 바라보이는 거리에 비단옷을 입은 사람들이 즐겁게 노니는 광경을 상상하면 가슴이 뛰었어요.

꿈속에나 있을 법한 아름다운 도시에는 진귀한 보물이 넘쳐 난다고 했어요. 뿐만 아니라 장터 골목골목에는 맛난 음식들이 널려 있어 달콤하고 고소한 냄새가 온 서라벌에 진동한다고 했어요.

장차 서라벌에 가서 살아 보는 것이 아이들의 꿈이었어요. 서라벌 사람이 되어 서라벌에 살 수 있다면 하루하루가 마냥 행복할 것 같았어요.

정년은 걸핏하면 궁복을 붙잡고 서라벌 이야기에 열을 올렸어요. 말 탄 장수가 되어 서라벌 거리를 누비는 상상이 정년의 이야기 속에서는 곧잘 현실과 뒤섞이곤 했어요.

무예로든 말주변으로든 누구에게도 지지 않을 자신이 있는 정년이었지요. 이다음에 자라서 장군이 되고 서라벌 사람이 되는 게 정년에게는 너무도 당연한 일로 여겨졌어요.

그것이 터무니없는 꿈이라는 걸 그에게 일러 준 사람은 없었어요. 먹고살기 바쁜 부모는 자식의 꿈이 무언지도 몰랐어요. 섬에서 나서 섬에서 죽는 걸 운명으로 아는 마을의 다른 어른들도 아이들의 꿈 따위에 관심이 없기는 마찬가지였어요.

하지만 세월이 흐르고 나이가 들면 누가 가르쳐 주지 않아도 저절로 알게 되는 일들이 있지요. 민들레와 나팔꽃이 서로 다른 것처럼 장군이 될 수 있는 사람과 그렇지 못한 사람의 신분이 엄연히 다르다는 사실 같은 것 말이죠.

사람의 신분을 나눠 등급을 매겨 놓은 제도가 골품제였어요. 신라는 골품제에 의해 다스려지는 엄격한 신분 사회였어요. 관직에 나아가거나 혼인을 하는 등의 큰일은 물론 집의 크기며 옷 색깔, 우마차의 장식 같은 사소한 부분까지 골품제의 제약이 미치지 않는 범위가 없다 해도 과언이 아니었어요.

골품제는 성골과 진골이라는 두 개의 골과 육두품에서 일두품까지의 여섯 두품을 포함한 여덟 개의 계급으로 사람들의 신분을 구분하고 있었어요. 제일 높은 신분이 왕족인 성골이었고, 성골 다음으로 높은 신분을 진골이라고 불렀어요.

여덟 등급 가운데서 장군이 될 수 있는 신분은 진골뿐이었어요. 신라 사회의 상류층이라 할 수 있는 육두품조차 주요 관청의 장관이나 주요 군부대의 지휘관 자리에는 오를 수 없었어요.

궁복과 정년은 골품제의 맨 끄트머리 계급에도 속하지 못하는 미천한 계층이었어요. 아무리 빼어난 재주와 능력이 있어도 신분의 굴레를 떨치고 장군이 된다는 건 불가능한 일이었어요.

정년은 말이 없어지고 전처럼 잘 웃지도 않았어요. 정년처럼 티를 내지는 않았지만 실망이 크기는 궁복도 다르지 않았어요.

궁복의 나이 열아홉. 정년도 어느덧 열일곱 살의 어엿한 청년으로 자라나 있었어요. 끓어오르는 혈기를 억누르고 그물이나 엮는 하루하루가 둘은 갑갑해서 미칠 지경이었어요. 더 이상 달려가 붙잡을 꿈이 없는 나날은 깜깜한 골방에 갇힌 것처럼 막막하기 그지없었어요. 궁복과 정년은 훈련을 그만두었어요. 창검술도 활쏘기도 걷어치워 버렸어요.

'꿈꿀 수 있는 내일이 없는데 무술 연마와 체력 단련이 다 무슨 소용이란 말인가.'

집안일을 하다 짬이 나면 두 사람은 각자 골똘히 생각에 잠기는 게 일이었어요.

'사람값이란 게 날 때부터 정해져 있다는데, 죽었다 깨어난들 밑바닥 따라지* 인생을 면할 길은 없다는데, 밝고 지는 허구한 날을 무슨 보람으로 살아갈 것인가……'

---

* 보잘것없거나 하찮은 처지에 놓인 사람이나 물건을 속되게 이르는 말.

어느 날 궁복이 나루에 정박했다가 떠나는 장삿배를 보며 불쑥 말을 꺼냈어요.

"당나라로나 건너가 볼까……."

맥없이 앉아 있던 정년이 눈을 크게 뜨며 궁복을 쳐다보았어요.

"당나라?"

궁복은 생각이 많은 얼굴로 대답 대신 고개만 주억거렸어요. 궁복 곁으로 바투 다가앉는 정년의 눈이 빛나기 시작했어요.

"당나라에 가면 무슨 수가 생길 것 같아?"

"글쎄…… 일단은 여기보다 땅이 넓으니까."

궁복의 대답이 썩 자신 있지는 않았지만 정년은 갑자기 머릿속에 등불이 하나 켜진 느낌이었어요.

"그래! 당나라로 가는 거야! 형, 우리 당나라로 가자!"

설쳐 대는 정년을 궁복은 한심하다는 듯 건너다보았어요.

"쯧쯧! 그게 말처럼 간단한 일이냐?"

"복잡할 건 뭐야? 배 타면 가는 거지."

정년은 어느새 예전의 말투를 되찾고 있었어요.

궁복의 얼굴에 엷은 그늘이 드리워졌어요.

"집은? 부모님은 어떻게 하고?"

"그야 뭐……."

나부대던 정년도 엉거주춤 말끝을 흐렸어요. 말로는 밀지는 법이 없는 정년이지만 고생하시는 부모님을 생각하니 무작정 우겨 댈 말이 떠

오르지 않았어요. 사실 궁복의 말은 정년이 아니라 궁복 자신에게 던지는 질문이었어요. 정년에게 말을 꺼내기 한참 전부터 궁복은 당나라를 머릿속에 굴려 오고 있었거든요.

'골품제에 묶여 꼼짝달싹 못하는 신라 땅을 떠나 넓은 대륙을 훨훨 날아 보면 어떨까.'

서라벌을 꿈꾸던 것처럼 궁복은 당나라를 그려 보곤 했어요.

"당나라 땅은 넓고도 넓어서 하루 종일 말을 타고 달려도 산을 볼 수가 없단다."

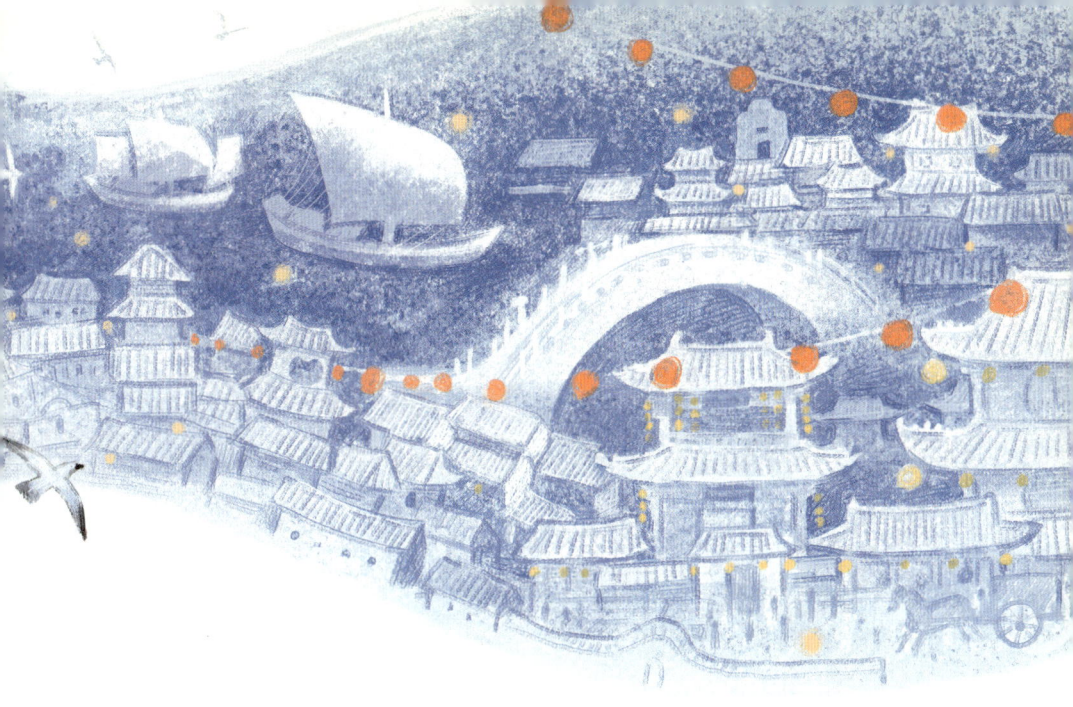

　나루를 기웃거리다 말을 트게 된 장사꾼이 들려준 이야기였어요. 넓을 뿐 아니라 논밭이 기름지고 문물은 새로워 온 세상 사람들이 당나라를 보고자 밀물처럼 몰려들고 있다고 했어요. 노란 눈, 파란 눈, 흰 사람, 검은 사람이 어우러져 도성을 오가고 상인들은 백 가지 말로 백 나라 사람들에게 물건을 사고판다고도 했어요.

　"사람의 자식으로 태어났으면 모름지기 당나라를 보고 죽을 일이지. 암, 그렇고말고."

　장사꾼은 궁복에게 당나라를 팔아넘겨 버릴 듯한 기세로 당나라 이야기에 열을 올렸어요. 꿈 많고 호기심 많은 섬 소년에게는 열 가지 백 가지가 귀에 단 소식이 아닐 수 없었어요.

그 무렵 신라와 당나라 사이에는 과거 어느 때보다 활발한 교류가 이루어지고 있었어요. 나당 전쟁* 이후 잠시 멀어졌던 관계가 양국 간의 교역 활동을 중심으로 활기를 되찾기 시작하면서 상인들뿐만 아니라 수많은 신라 사람들이 이런저런 이유로 당나라를 내왕하고 있었어요. 개중에는 나랏일을 보는 관리와 사신들도 있었고 공부를 하러 가는 사람, 불법**을 구하러 가는 사람들도 있었어요. 흉년에 삶의 터전을 버리고 살길을 찾아 나선 난민들이며 신분의 벽을 넘어 새로운 삶을 개척해 보려는 이름 없는 백성들이 저마다 당나라를 목표로 하고 길을 떠났어요.

궁복의 가슴에도 당나라는 언제부턴가 새로운 희망의 땅으로 똬리를 틀었어요. 평민 축에도 못 끼는 섬 무지렁이로 썩고 말기엔 품은 뜻이 큰 궁복이었지요. 당나라라는 너른 무대로 나아가 큰 뜻을 마음껏 펼쳐 보고픈 야망이 이제나저제나 가슴속에 꿈틀거리고 있었어요.

궁복이 주저하는 건 부모님 때문이었어요.

몇 년째 거듭된 가뭄과 흉년으로 장성한 자식을 점점 더 의지하려 드는 부모님을 두고 떠날 수 있을까. 부모님을 도와 한몫을 하기엔 아직 어린 동생들에게 집안을 떠맡기고 제 꿈만을 좇아 떠나도 되는 것일까.

그러나 궁복의 입에서 당나라라는 말이 떨어진 순간부터 정년은 가

---

* 670~676년에 진행된 신라와 당나라 사이의 전쟁.
** 부처의 가르침.

는 데마다 따라다니며 궁복을 졸라 대기 시작했어요. 당나라로 떠나는 것만이 살길이라는 듯 칭얼대는 정년의 성화에 궁복은 결국 두 손을 들고 말았어요.

"넓은 땅 어딜 간들 이 좁아터진 섬 구석보다야 해 볼 만한 일이 많지 않겠어?"

"성공해서 돌아와 버젓이 집안을 일으키는 게 여기 살면서 당장 나무 한 짐 고기 한 배 보태는 것보다 큰 효도가 아니겠냐고?"

정년의 설득이 구구절절 솔깃했던 건 당나라를 향한 궁복의 동경이 정년 못지않게 간절했기 때문이겠지요.

떠날 결심을 굳힌 두 사람에게 부모님들은 오히려 선선히 고개를 끄덕여 주셨어요.

"대장부 할 일이 물일, 들일이 고작이겠느냐? 큰물에 큰 고기 난다고 했다. 산 사람이야 어떻게든 살게 마련이니 집 걱정일랑 말고 넓은 세상 두루 다니며 품은 뜻을 펼쳐 보도록 해라."

당신 걱정보단 자식 잘되기만을 바라는 부모님의 마음이 고스란히 전해져 오는 말씀이었어요. 뜰 듯이 집을 나온 궁복과 정년은 그날 당장 배편을 알아보러 나섰어요.

바람과 물때에 맞춰 들고 나는 배들 중에서도 둘은 가장 빨리 출발하는 배를 타기로 했어요. 기왕 떠나기로 결심한 이상 하루라도 미적거릴 필요가 없다고 생각했어요. 떠나기로 마음먹고 나자 공연히 뒤숭숭한 게 하루가 한 달인 양 지루하기도 했어요.

마침내 고대하던 출발일이 닥쳐오자 부모님은 어렵게 마련한 얼마간의 노잣돈을 쥐어 주며 어딜 가든 몸조심할 것을 거듭 당부했어요. 궁복과 정년은 각자 큰절을 올리고 부모님 앞을 물러 나왔어요. 부모님의 격려 속에 집을 떠나게 되어 그나마 발걸음이 한결 가벼워진 느낌이었어요.

나루터에는 미리 말을 건네 두었던 상선이 둘을 기다리고 있었어요. 이미 많은 사람들이 배에 올라 출발을 기다리고 있었지요. 화려하게 옷을 차려입고 시종을 거느린 벼슬아치들도 보이고 바랑을 걸머진 승려들의 모습도 보였어요. 상인들이 짐꾼을 재촉하여 짐을 싣느라 분주한 가운데 뱃사람들은 바삐 오가며 출항 준비를 서두르고 있었어요.

궁복과 정년도 떨리는 가슴을 안고 배에 올랐어요. 태어나서 단 한 번도 섬을 벗어나 본 적 없는 두 사람이었지요. 나이 스물 가깝도록 서라벌은 고사하고 가까운 이웃 마을조차 가 본 기억이 없었으니까요.

당나라는 어떤 곳일까. 그곳에선 어떤 일이 기다리고 있을까.

난생처음 집을 떠나 낯선 땅을 향하는 마음이 기대 반 두려움 반으로 출렁거렸어요. 바다에는 가벼운 풍랑이 일고 있었지만 항해하기에는 좋은 날씨였지요. 궁복과 정년은 뱃전에 기대 서서 점점 멀어져 가는 고향 마을을 바라보았어요.

'언젠가 다시 고향을 찾을 때 우리 두 사람의 모습은 어떻게 달라져 있을까…….'

바람이 불어와 둘의 옷자락을 풍선처럼 부풀려 놓았어요.

"형……."

정년이 가만히 궁복의 손을 찾아 쥐었어요.

"그래……."

궁복도 힘을 주어 정년의 손을 마주 잡았어요. 궁복이 곁에 있어서, 정년이 곁에 있어서, 지금처럼 든든한 적이 없었다고 느끼는 두 사람이었어요. 성큼성큼 밀려나는 육지에 눈길을 던져 둔 채 둘은 언제까지고 잡은 손을 놓지 않았어요. 알 수 없는 내일을 향해 항해를 시작한 두 소년이 믿을 거라곤 굳게 잡은 서로의 맨손뿐이었어요.

말 대신 마주 잡은 손이 서로의 마음을 전하고 있었어요. 그사이 배는 돌이킬 수 없이 고향 땅에서 멀어지고 있었지만 둘의 가슴에는 미지의 세계를 향한 기대가 두려움을 밀어내며 조금씩 차오르고 있었어요.

항해

가도 가도 푸른 뱃길이었어요. 하늘 끝은 바다에 닿아 까마득하고, 수평선으로부터 이따금 심술궂은 먹장구름*이 위협하듯 용틀임**을 하기도 했지만, 구름이 걷히고 나면 길은 다시 푸르게 푸르게 어깨를 겯고 출렁거렸어요.

궁복과 정년이 탄 배는 갈매기와 고기 떼를 벗하며 느릿느릿 파도를 헤쳐 나갔어요.

배에는 신라 사람뿐 아니라 당나라 사람들과 일본인으로 보이는 장사치며 승려들도 타고 있었어요. 파도 소리에 부서지는 신기한 외국 말들이 집을 떠나왔다는 실감을 더해 주었어요.

---

* 먹빛같이 시꺼먼 구름.
** (기세 따위가) '왕성하게 뻗쳐오름'을 비유하여 이르는 말.

배는 신라의 서쪽 해안과 당나라의 해주*를 연결하는 뱃길을 따라 항해 중이었어요. 도중에 영암과 옥구**에 들러 화물을 싣고 부릴 때는 궁복과 정년도 뱃사람들을 도와 짐을 날랐어요. 화물은 주로 신라에서 나는 비단과 마포, 종이 등이었는데 개중에는 무엇이 들었는지 알 수 없는 무거운 짐도 있었어요.

궁복과 정년은 꾀부리지 않고 무거운 짐이든 가벼운 짐이든 열심히 일을 거들었어요. 선원들은 부지런하고 예의 바른 둘을 예쁘게 보아 먹을 것도 나눠 주고 짬짬이 당나라 이야기도 들려주었어요.

옥구현에서 왼쪽으로 뱃머리를 틀면 당나라의 해주나 초주***까지는 불과 사나흘 거리라고 했어요. 황해를 곧장 가로지르는 빠른 뱃길이라 여기서부터는 지나가는 당나라 배와 신라 배들을 종종 볼 수 있었어요.

배와 배가 엇갈려 지나칠 때면 이쪽 배와 저쪽 배의 선원들이 서로 인사를 주고받기도 했어요. 신라 배와 신라 배가 만났을 때는 신라 말로 인사를 나누었지만 신라 배와 당나라 배가 마주치면 당나라 말과 신라 말이 뒤섞인 인사가 오갔어요. 옆에서 지켜보며 당나라 선원들이 신라 말을 잘한다 싶었는데, 알고 보니 당나라 배에도 신라 출신 뱃사람들이 많이 타고 있다고 했어요.

---

* 하이저우.

** 지금의 전북 군산.

*** 추저우.

"황해는 한반도와 산동반도˙, 요동반도˙˙에 에워싸여 있어 세 곳의 육지에 부딪쳤다 돌아오는 해류의 변화가 심한 편이지. 때문에 날씨와 계절에 따른 조류의 변화에 밝지 않고는 감히 황해에 배를 띄울 엄두를 낼 수 없는 노릇이란 말이야. 한데 예로부터 항해술 하면 신라 사람을 으뜸으로 쳐 왔거든. 그래서 많은 당나라 배들이 신라인들을 선원으로 고용하고 있지."

영암이 고향이라는 도사공˙˙˙ 아저씨의 자랑 섞인 설명이었어요.

궁복과 정년은 당나라 사람들도 신라의 항해술을 알아준다는 이야기에 어깨가 으쓱해졌어요. 또한 자신들에게 당나라 이야기를 해 주고 종종 우스갯소리도 들려주는 마음씨 좋은 뱃사람들이 당나라 말을 유창하게 하는 모습이 신기하고 놀라웠어요.

순풍을 타고 배는 서쪽으로 서쪽으로 나아갔어요. 소문으로만 듣던 해적을 만나게 되지 않을까 조마조마했지만 신라 땅이 시야에서 완전히 사라지도록 해적선은 나타나지 않았어요. 도사공의 귀띔에 따르면 해적들은 규모가 작은 장삿배나 난민들이 많이 이용하는 거룻배˙˙˙˙ 등을 공격 대상으로 삼는다고 했어요. 궁복네가 탄 상단 소속의 대형 무역선은 인력도 많고 그만큼 경비가 삼엄하기 때문에 해적들도 감히 건드릴 엄두를 내지 못한다는 것이었어요.

---

* 산둥반도.
** 랴오둥반도.
*** 사공의 우두머리.
**** 돛을 달지 않은 작은 배.

당나라가 가까웠다는 생각을 하자 두고 온 고향이 새삼 그리웠어요. 부모님과 동생들의 얼굴을 떠올리면 곧장 가슴이 먹먹해졌지요.

어떻게들 지내고 있을까.

언제 다시 만날 수 있을까.

한편으로는 이제 정말 낯선 땅에서 살아가야 한다는 생각에 가슴 한쪽에 밀쳐 두었던 두려움이 슬그머니 고개를 쳐들기도 했어요. 당나라 말이라고는 한 마디도 할 줄 모르고 가진 돈도 넉넉지 않은 두 사람이었어요. 당나라에 신라 사람들이 많이 살고 있다지만 직접 아는 사람도 없고 연줄을 댈 사람도 없었어요.

"가 보면 어떻게든 되겠지. 거기도 사람 사는 곳일 테니."

궁복이 중얼거리면 정년은 열심히 고개를 끄덕였어요.

"땅도 넓고 사람도 많다잖아. 뭘 하든 부지런히만 구르면 얼마든지 성공할 수 있을 거야."

정년이 말하면 궁복도 말없이 고개를 끄덕여 주었어요.

친절한 뱃사람들이 들려준 이야기에 따르면 당나라도 신라와 마찬가지로 신분 사회이긴 하지만 신라처럼 지배층 간의 차별은 없다고 했어요. 또한 과거 시험을 통해 누구나 관직에 나아갈 수 있고 능력에 따라 높은 벼슬에 오를 수도 있는, 신라보다는 훨씬 개방적인 사회라고도 했어요.

당나라 사정을 모르는 정년이나 궁복으로서는 선원들의 말이 사실이기만을 바랄 뿐이었어요. 다행히 당나라에는 여러 가지 사정으로 당나라에 건너온 신라 사람들이 무리 지어 사는 신라방*이라는 곳이 있다고 했어요.

"신라방에만 들어가면 신라 땅 안에 있는 것이나 마찬가지니까 입에 풀칠할 방도쯤은 어떻게든 찾아질 게야."

뱃길을 주선해 준 상인 허씨는 당나라에 도착하면 무조건 신라방을 찾아가라고 했어요. 배를 타고 오는 동안 선원들과 승객들에게 좀 더 들어 보니 신라방은 북쪽의 등주에서부터 남쪽의 명주에 이르는 당나라 해안 지대의 여러 고을에 설치되어 있으며, 이런저런 목적으로 당나라 땅을 밟은 신라 사람들이 업무를 보거나 정착하는 데 여러모로 도움을 제공하고 있다고 했어요.

"한 가지는 정해졌군. 일단 신라방을 찾아가는 거야."

궁복이 결론짓듯 말했어요.

"신라방도 여러 군데라는데?"

정년은 고개를 갸웃거렸어요.

"여기저기 둘러보고 제일 끌리는 데 주저앉지 뭐."

"하긴. 그럼 되겠네."

해서 궁복과 정년은 당나라에 도착하면 먼저 해안 지대에 흩어져 있다는 여러 신라방들을 한 바퀴 둘러보기로 작정했어요. 사실 작정이라면 그것이 유일한 작정이었지요.

"그다음은…… 어떻게든 되겠지. 뭐 다 사람 사는 곳이니까."

---

* 당나라 때 중국 동해안 지역의 도시에 거주하던 신라인들의 집단 자치 구역.

형 된 입장에서 책임감이 무겁게 느껴질 때마다 궁복은 입버릇처럼 중얼거렸어요. 그때마다 정년은 힘차게 고개를 끄덕이며 명랑하게 맞장구를 쳐 주었어요.

"그럼! 다 잘될 거야! 잘되고말고. 형이랑 내가 함께 있는데 겁날 게 무어야!"

그렇게 걱정과 기대가 섞갈리는 가운데 마침내 배가 당도한 곳은 해주 인근의 숙성촌*이었어요.

숙성촌은 작은 나루에 주막거리가 잇닿아 있는 아담한 포구였어요. 포구 옆으로는 염전으로 보이는 긴 갯벌이 이어지고 갯벌을 싸안은 갈대숲 너머에는 어부들의 초가집이 드문드문 눈에 띄었어요.

"식사하시고 가세요! 널찍한 방도 있어요!"

뱃전에 달려와 외쳐 대는 건 주막집 심부름꾼 아이들 같았어요. 싣고 내리는 짐을 둘러멘 건장한 짐꾼들은 무거운 짐 때문에 기우뚱해진 모습으로 뒤뚱뒤뚱 부두를 건넜어요. 배가 들어올 때마다 한번씩 부산해지는 포구의 풍경이었지요.

배는 해주가 목적지인 승객들을 내려 주고 이곳에서 식량과 물을 보충한 다음 계속해서 남쪽의 서주**와 초주를 거쳐 항주***와 명주까지 내려

---

* 쑤청촌.

** 쉬저우.

*** 항저우.

갈 계획이라고 했어요.

궁복과 정년은 선원들을 따라 주막에서 하룻밤을 묵고 이튿날 아침 다시 배에 올랐어요. 해주에도 신라방이 있었지만 두 사람은 거기서 좀 더 내려간 초주를 첫 번째 목적지로 정했어요. 일단 초주 신라방에 머물면서 틈틈이 다른 지역에 있는 신라방들을 둘러볼 계획이었지요. 초주가 신라와 마주 보는 당나라 동쪽 해안의 중간쯤에 위치해 있어 해안선을 따라 흩어져 있는 나머지 신라방들을 둘러보기에 지리적으로 유리하리라 판단했던 것이었어요.

배는 다시 이틀하고도 반나절을 달려 이윽고 두 사람을 초주에 내려 주었어요.

초주는 도중에 지나온 서주와 규모가 비슷해 보였는데 배가 처음 정박했던 숙성촌보다는 한눈에도 훨씬 크고 번화해 보이는 고을이었어요. 항해 도중 도사공으로부터 들은 설명에 의하면 회하*를 사이에 두고 인접해 있는 서주와 초주는 바다까지 연결되는 내륙의 물길이 발달하여 일찍부터 교역의 중심지로 이름을 떨쳐 왔다고 했어요.

정들었던 뱃사람들과 작별하고 마침내 단 둘만 남겨지자 궁복과 정년은 마치 고아라도 된 것 같은 허전함에 한동안 어찌할 바를 모르고 우두커니 서 있었어요.

배가 들어오고 나가고 물건들을 싣고 내리는 소란 속에 알아들을 수 없는 외국 말들이 송곳처럼 귓속을 파고들었어요. 얼떨결에 우마차가

---

* 화이허.

오가는 행길을 가로막고 서 있던 두 사람을 툭 치고 지나가면서 사납게 눈을 흘기는 상인도 있었어요.

궁복은 자신도 모르는 사이에 꽉 틀어잡고 있던 정년의 손을 더욱 힘주어 잡았어요. 정신을 차리자는 뜻이었어요. 정년도 마주 잡은 손에 힘을 꼭 주었어요. 하늘 아래 단 두 사람만 남았다는 사실이 새삼스레 가슴을 파고드는 순간이었어요.

"형……."

전방을 살피던 정년이 나직이 부르며 눈짓으로 앞쪽을 가리켰어요. 고개를 들어 보니 영암에서부터 같은 배를 타고 왔던 관리 두 명이 시종들을 거느리고 휘적휘적 앞서 걸어가고 있었어요.

"신라방을 찾아가는 중인 것 같지?"

"그런 것 같은데."

"잘됐다! 가자!"

눈짓을 주고받은 궁복과 정년은 걸음을 잽싸게 놀려 관리들을 따라붙었어요. 헤어지기 전에 도사공이 약도를 일러 주기는 했지만 관리들을 따라가면 훨씬 쉽게 신라방을 찾을 수 있으리란 생각이 들었어요.

한결 마음이 놓여서 한숨을 돌리고 보니 거리 풍경이 비로소 눈에 들어왔어요.

대운하를 끼고 있는 교통의 요지답게 초주는 활력이 넘치는 도시였어요. 오가는 사람들의 표정에도 여유가 넘치고 길을 따라 늘어선 상점에는 물건들이 풍성하게 진열되어 있었어요.

"엄청난데?"

"그러게……."

"당나라, 당나라 해도 이 정도일 줄은 몰랐지."

"그러게……."

발 따로 눈 따로 바삐 움직이며 두 사람이 주고받는 대화였어요. 청해촌구석과는 비교가 되지 않는 화려한 분위기에 살짝 주눅이 들었지만 한편으로는 자기들도 벌써부터 이 도시의 주민이 된 듯 우쭐한 기분이 드는 궁복과 정년이었어요.

어쨌든 별천지*에 도착한 것만은 틀림없는 사실이었어요. 섬 구석에 틀어박혀 신세 한탄으로 세월을 보내느니 떨치고 일어나 바다를 건너온 게 천만번 잘한 일이라는 확신이 들었어요. 알 수 없는 자신감이 온몸에 차오르는 것을 느끼며 궁복과 정년은 가슴을 활짝 펴고 힘차게 걸음을 옮겼어요.

"부딪쳐 보는 거야!"

"돌격 앞으로!"

정년의 추임새에 궁복이 웃었어요.

어깨를 펴고 등뼈를 곧추세운 둘의 발 아래로 초주 거리가 굽어보였어요. 청운**의 꿈을 좇아 먼 길을 달려온 청년들을 환영하듯 초록 잎사귀를 반짝이는 가로수들 사이로 낯익은 지붕들이 보이기 시작했어요.

---

* 자기가 있는 곳과는 아주 다른 환경이나 사회.

** 원래는 푸른빛을 띤 구름이라는 뜻. 입신출세를 뜻하는 말.

별천지
신라방

"청해에서 왔다고 했나?"

총관*은 그것이 매우 중요한 사실이기라도 하다는 듯 두 사람을 아래위로 훑어보며 물었어요. 예순 전후로 보이는 얼굴에 눈매가 날카로웠지만 전체적으로 인자하고 후덕해 보이는 인상이었어요.

"예. 그곳에서 나고 자랐다고 합니다."

전지관이 옆에서 대답을 대신해 주었어요.

전지관은 총관을 보좌하여 신라방의 행정 실무를 담당하는 사람이라고 했어요.

"바닷길과 배에 관한 일이라면 다소 아는 바가 있겠군."

총관이 혼잣말처럼 중얼거리며 고개를 주억거렸어요.

---

* 신라방의 행정 책임자.

"그 밖에 다른 재주는?"

총관이 눈을 똑바로 쳐다보며 갑자기 묻는 바람에 궁복은 자신도 모르게 자세를 바로잡았어요.

"말을 좀 다뤄 봤고 활과 창 쓰는 일도 흉내는 내 보았습니다."

"그래…… 이름은?"

"궁복이라고 합니다."

총관의 시선이 정년에게로 옮겨졌어요.

"자네는?"

"저도 꾸준히 무예를 익혀 왔고…… 특별한 재주라면 물질을 좀 하는 편입니다. 물속으로 50리쯤은 숨찬 줄 모르고 헤엄칠 수 있습니다."

"50리라?"

"예."

"그래. 자네는 이름이 뭔가?"

"정년이라고 합니다."

"좋아. 눈빛들이 쓸 만하군. 그런데…….."

총관은 위엄 있는 태도로 다시 고개를 끄덕이며 두 사람을 번갈아 쳐다보았어요.

"당나라에는 무슨 일로 왔나?"

"그게…… 저…….."

궁복의 얼굴이 시뻘겋게 달아올랐어요. 앞선 질문들처럼 간단하게 답하기 곤란한 질문이라 순간적으로 말문이 막힌 것이었어요. 궁복이 우

 물거리자 총관은 정년에게로 시선을 옮겼어요.
 "집을 떠나 먼 길을 나섰을 땐 그만한 계획이나 목적이 있었을 것 아닌가?"
 "그게…… 그러니까…….'
 재촉하듯 이마에 머물러 있는 총관의 시선을 느끼며 정년은 대답 대신 발가락만 꼼지락거렸어요. 당황스럽기는 정년도 궁복과 다를 바 없었거든요.

총관의 입가에 빙그레 미소가 떠올랐어요. 눈을 내리깔고 있던 궁복과 정년이야 알 리 없었지만, 총관의 입에 걸린 미소를 본 전지관의 두 눈에도 슬며시 웃음기가 실렸어요.

눈은 웃으며 목소리는 근엄하게 총관이 다시 물었어요.

"고향에서는 농사를 지었다고 했겄다?"

"예……."

"그리고 뱃일도 조금……."

궁복의 대답에 정년이 기어 들어가는 목소리로 덧붙였어요.

"그런데 그 일들을 하기 싫어졌던 게지? 그래서 가출을 한 게로군?"

총관의 질문이 이어졌어요.

궁복과 정년은 꿀 먹은 벙어리가 되고 말았어요.

딱히 그런 건 아니지만 따지고 보면 아닌 것만도 아니었으니까요.

"허허허!"

총관이 이번에는 소리 내어 웃었어요. 웃음소리가 유쾌했어요. 궁복과 정년은 어리둥절해져서 고개를 들었어요. 총관의 시선이 전지관을 향했어요.

"어떤가? 이제 막 배에서 내린 자들을 곧장 돌려세우는 것도 인정이 아니지? 눈빛을 봐선 돌아가란들 어차피 들어 먹지도 않을 것 같으니 가까이 두고 쓰일 데를 찾아봐 주도록 하게."

"예."

전지관이 절도 있게 고개를 숙였어요. 궁복과 정년도 허리 굽혀 절하고 전지관을 따라서 총관 앞을 물러 나왔어요.

"휴우!"

긴장했었다는 뜻으로 정년이 어깨를 으쓱거렸어요. 아닌 게 아니라 궁복과 정년의 저고리 등짝은 긴장으로 땀범벅이 되어 버렸어요.

전지관은 두 사람을 돌아보며 웃었어요.

"대단히 좋게 보셨다는 뜻인데, 뭘."

전지관이 흐뭇한 표정으로 말했어요.

"좋게 보셨다고요?"

정년이 깜짝 놀라며 물었어요.

"그렇다마다. 관심이 없으면 두 마디도 안 섞으시는걸."

대답하는 전지관 역시 궁복과 정년을 꽤나 마음에 들어 하는 눈치였어요. 둘에게는 천만다행한 노릇이 아닐 수 없었지요. 신라방이라는 곳을 무작정 찾아오기는 했지만 이렇듯 아무런 조건도 절차도 없이 냉큼 받아들여질 줄은 몰랐거든요. 당나라 땅을 밟자마자 먹고 잘 곳이 생겼다는 것만도 사실 대단한 행운이었지요.

"죄 짓고 도망친 것도 아니고 나쁜 짓을 하러 온 것도 아닌데…… 이런저런 생각으로 여차여차 당나라에 왔다고 당당하게 말할걸……."

정년의 말처럼 단순한 가출이 아니라 꿈을 좇아 넓은 땅을 찾아왔다고 자신 있게 답하지 못한 것이 아쉬웠지만 노력하면 실점을 만회할 기회는 얼마든지 찾아오겠지요. 그렇게 상황을 정리하고 나자 두 사람은 마음이 홀가분해졌어요.

낙지 잡는 날 문어 잡히고 운수 좋은 날 재수 좋은 법.

기대 밖으로 당나라 생활이 시작부터 술술 풀려 가는 데 안도하며 궁복과 정년은 전지관이 붙여 준 심부름꾼 아이를 따라 발걸음 가볍게 신라방 구경에 나섰어요.

"신라방은 대체로 통일 신라 이후부터 당나라 여러 지역에 생겨나기 시작한 것으로 알려져 있어."

서너 발짝 앞서 걸으며 심부름꾼 아이가 입을 열었어요. 뒤따르던 궁복과 정년은 동시에 걸음을 멈추고 놀란 눈길을 주고받았어요. 아이의 태도와 말투가 맹랑했거든요. 두 사람이 따라오지 않는 걸 느낀 아이가 뒤를 돌아다보았어요.

"왜 그러고 있어? 구경 안 할 거야?"

초롱초롱한 눈망울로 아이가 둘을 쳐다보았어요.

"허어!"

정년의 입에서 헛웃음이 새어 나왔어요.

"너 몇 살이냐?"

"열네 살. 나이는 왜?"

아이의 깜찍한 반문에 정년은 다시 피식 웃고 말았어요.

"열네 살짜리 말투가 뭐 그러냐?"

아이는 말투가 뭐 어떠냐는 표정이었어요.

"사람들을 안내할 땐 원래 이렇게 하는 거야."

"호오!"

궁복이 감탄했어요.

"이곳을 찾는 사람들을 네가 다 안내한단 말이냐?"

"특별히 전지관님이 안내해야 할 손님들만 빼고 나머지는 대부분."

"정말이야? 대단한데?"

궁복은 완이라는 이름의 이 당돌하고 영특한 아이에게 마음이 끌렸어요.

흉년에 고향을 등진 완이 부모님은 일찍이 신라방에 정착해 살면서 완이를 낳았다고 했어요. 이후 줄곧 신라방에서 잔뼈가 굵은 덕분에 완이는 신라방 안팎의 사정에 훤할 뿐 아니라 당나라 말을 비롯한 몇몇 외국 말도 제법 구사하게 되었다고 했어요.

"그렇구나. 만나서 반갑다. 나는 청해에서 온 궁복이라고 해. 나이는 열아홉이고, 이쪽은 고향 아우 정년. 연이는 올해 열일곱 살이야. 앞으로 잘 지내보자."

궁복과 정년은 완이와 정식으로 인사를 나누었어요. 완이도 훤칠하게 생긴 형들이 자신을 정중하게 대해 주는 게 흐뭇한지 흡족한 얼굴로 앞장을 섰어요.

"통일 이전의 신라, 고구려, 백제 삼국도 대외 교역에 나름 힘을 기울이기는 했지. 하지만 신라에 의해 삼국이 통일된 뒤 교역 규모가 크게 늘어나고 사람들의 왕래도 활발해지면서 두 나라를 오가며 무역을 하는 상인들이나 유학생, 스님 등 이런저런 이유로 당나라에 머무는 신라 사람들이 부쩍 많아지게 됐대."

완이의 유창한 설명이 이어졌어요.

"이들은 도시 한쪽에 자기들만의 마을을 만들어 서로 돕고 의지하며 살아가기 시작했대. 바로 신라 사람들의 집단 자치 구역인 신라방이지. 신라방은 등주, 해주, 서주, 초주, 양주, 명주 같은 당나라 동쪽 해안의 여러 지역에 흩어져 있는데, 그건 바다를 건너온 신라 사람들이 주로 처음 배를 댔던 포구 근처의 도시에 터를 잡고 뿌리를 내려 살기 시작했기 때문이래…….”

"청산유수가 따로 없구먼!"

정년이 중얼거리자 완이가 뒤를 돌아보았어요.

"뭐라고?"

"잘한다고!"

"계속해 봐. 재미있는데?"

궁복이 웃으며 응원의 말을 보탰어요. 당나라에서 보고 듣는 모든 일들이 신기하고 흥미진진한 궁복이었어요.

"그러니까 신라방은…….”

완이가 다시 입을 열었어요.

"신라 사람들이 모여 신라 풍습대로 살아가는 당나라 안의 작은 신라인 셈이지. 당나라를 오가는 신라 배들을 위한 연락이나 교역 관련 업무를 도맡아 주고, 여러 가지 볼일로 잠시 당나라를 찾은 신라 사람들에게는 잠자리와 먹을 것을 제공해 주기도 하는 요긴한 중간 기착지*이기도 하고."

"참으로 고마운 곳이로구나. 신라인들에게 신라방이란……."

궁복이 고개를 주억거리며 혼잣말을 곱씹는데 정년이 문득 생각났다는 듯 물었어요.

"그런데 참! 아까 그 깐깐한 영감님이 여기 대장이냐?"

정년의 말에 완이가 어깨를 흔들며 쿡쿡 웃었어요.

"총관님 말이야?"

"그래, 총관님인지……."

"총관님은 행정 책임자야. 대장, 뭐, 그런 게 아니고 당나라 지방관의 통제 아래 신라방의 행정 업무를 도맡아 보는 어른이지. 압아와 동급이야."

"압아?"

"응, 신라소의 행정 책임자."

"신라소**는 또 뭔데?"

---

* 목적지로 가는 도중 잠시 들르는 곳.

** 당나라 때 주로 당나라 동부 연안의 시골 지역에 산재해 있던 신라인들의 집단 거주 지역.

"아, 신라소…… 그건 말이지…….."

완이는 궁복과 정년의 무지를 별로 개의치 않는 기색이었어요. 그런 사람들은 얼마든지 보아 왔다는 전문 안내인의 여유가 묻어나는 얼굴이었지요.

성가셔하거나 한심해하는 빛일랑 없이 고치에서 비단실 풀리듯 이어지는 완이의 해설을 뚝 자른 사람은 정년이었어요.

"야, 잠깐!"

"왜?"

완이가 돌아보는데 정년의 발길은 이미 샛길로 빠지고 있었어요.

"뭐 좀 먹고 가자! 허기져서 아무 소리도 귓구멍에 안 들어온다."

정년이 어깨 너머로 집어던지듯 지르는 고함에 궁복은 웃음을 터뜨렸어요.

완이는 갑자기 잠에서 깨어난 듯한 표정을 지었어요. 제 임무에 열중한 나머지 나그네들의 뱃속 사정을 미처 생각지 못한 것이었지요.

아닌 게 아니라 궁복의 뱃속에서도 우레 소리 요란한 지 오래였어요. 와중에 샛길 안쪽으로 힐끗 엿보인 먹자골목의 황홀한 풍경이라니! 정년의 뒷모습은 어느새 고소한 기름 냄새 너머로 사라지고 궁복도 홀린 듯 샛길로 접어들었어요.

"형…… 형님들…….."

뻘쭘하니 두 사람을 지켜보던 완이도 주춤주춤 뒤를 따를 수밖에 없었지요. 둘을 놓쳐 버려서는 그날의 임무를 완수할 수 없을 테니까요.

맛있는 음식으로 속을 든든히 채우고 나자 하늘 끝까지라도 걸어갈 수 있을 것처럼 힘이 솟았어요.

"자, 다시 시작해 보시지! 얼마든지 들어 줄 테니까."

정년이 배를 두드리며 선심 쓰듯 말했어요.

완이는 밥 한 끼 먹는 사이 형들과 부쩍 친해진 느낌이 드는지 궁복과 정년 사이를 앞서거니 뒤서거니 나부대는 모습이 이제야 좀 열네 살짜리다웠어요.

"그래, 연이 귓구멍 뚫려 있을 때 계속하려무나. 언제 다시 들리네 마네 죽는 소릴 늘어놓을지 모르니."

궁복의 놀리는 말도 정년은 넉넉히 웃어넘기고 완이는 신이 나서 목청을 가다듬었어요.

"신라방이 주로 당나라 동남부 연안의 대도시 부근에 흩어져 있다면, 신라소는 해안을 낀 시골 지역에 만들어진 신라인들의 집단 거주지를 총괄하는 자치 행정 기관이야. 원래 명칭은 구당 신라소인데 산동성 문등현*의 신라소가 가장 유명해."

완이의 설명에 의하면 삼국 통일 당시 당나라군에 포로로 끌려오거나 유민이 되어 흘러 들어온 백제와 고구려 사람들 중에도 신라소에 몸담고 살아가는 이들이 적지 않다고 했어요. 또한 도시 인근의 신라방은 상업, 운송업, 조선업, 무역업 같은 상공업에 종사하는 주민이 대다수인데 반해 신라소 관할 아래 있던 촌락의 주민들은 소금과 숯을 만들어

* 원덩현.

팔거나 어업으로 생계를 잇는 경우가 많다고 했어요.

"신라방과 신라소는 대등한 지위를 가지고 있어. 당나라 조정에서는 신라방과 신라소에 많은 특혜를 부여하고 있고."

"특혜라면?"

궁복이 살짝 끼어들어 물었어요.

"당나라 지방 관아의 통제를 받고는 있지만 신라 사람들은 신라방이나 신라소 안에서 자유롭게 거주하고 활동할 수 있어. 현청*에서 공첩**을 발급받아 당나라 땅 어디든지 자유롭게 여행을 할 수도 있고. 왜나라 사람들이 받는 대접과는 천지 차이라고 할 수 있지."

"왜국과는 사이가 안 좋은 거야?"

궁복이 다시 물었어요.

"안 좋은 정도가 아니라 왜인들은 원칙적으로 당나라 땅을 밟는 게 금지되어 있어. 신라 사람이 보증을 서서 신라방이나 신라소에 들어오더라도 머물고 떠나는 걸 반드시 관청에 알려야만 해. 그래서 왜국 사신들조차 종종 신라인으로 신분을 위장하여 어려움을 모면하려는 경우가 있다고 들었어."

"아하……."

뭔가 깨우친 게 있다는 듯 궁복이 고개를 주억거렸어요.

"뭐가? 뭔데? 응? 뭔데?"

---

* 현의 행정을 맡아 보는 관청.
** 공사에 관한 편지나 서류.

영문을 몰라 하는 정년에게 궁복이 턱짓으로 한곳을 가리켜 보였어요.

"저기."

"저기 뭐?"

궁복이 가리킨 건 문방구점 앞에서 먹과 종이를 구경하는 일본인 승려들이었어요.

"신라방 안에 왜인들이 많이 눈에 띈다 했더니 그런 사정이 있었구나……."

궁복의 말에 완이가 고개를 끄덕였어요.

"맞아. 스님뿐만 아니라 유학생과 관리들도 적잖이 들어와 있어. 당나라 관아에서도 저들이 신라방을 통해 활동하는 건 어느 정도 묵인해 주고 있으니까."

"그렇구나……."

"그런데 저 사람들은?"

궁복과 같이 고개를 끄덕이다 말고 정년이 문득 눈을 휘둥글렸어요. 맞은편에서 걸어오는 낯선 외국인들의 모습에 놀란 것이었지요. 완이가 너무 빤히 쳐다보지 말라는 뜻으로 정년의 옆구리를 살짝 꼬집으며 소곤거렸어요.

"쉿! 저들은 아라비아 상인들이야. 당나라 사람들뿐만 아니라 페르시아며 아라비아 같은 여러 나라의 무역상들이 신라 사람들과 교역을 하려고 사시사철 신라방에 몰려들고 있지."

완이의 말은 허풍이 아니었어요.

당시 신라방은 하나의 작은 국제도시였어요. 당나라와 신라, 일본을 비롯해 주변 여러 나라의 문물이 신라방을 통해 교환되고 전파되었어요. 그 과정에서 얻어지는 다양한 정보와 지리적 이점은 신라방이 넓은 세상을 대상으로 활발한 해상 무역을 전개해 나가는 바탕이 되었지요. 꿈을 좇아 혹은 살길을 찾아 고국을 떠나온 신라 사람들에게 그곳은 두고 온 고향처럼 친숙하면서 새로운 세상을 향해 열려 있는 길목이 되어 주었어요.

"우와! 멋있다!"

"굉장한걸!"

정년의 입에서 한동안 사라졌던 감탄사가 되돌아왔어요.

궁복의 가슴 속에서는 사그라졌던 희망의 불씨가 다시금 활활 타오르기 시작했어요.

신라방의 여러 문물 중에서도 궁복의 마음을 사로잡은 것은 배를 만드는 조선소였어요. 거의 완성되어 이제라도 먼 바다로 떠나갈 듯 늠름한 자태를 뽐내고 있는 범선의 모습을 궁복은 넋이 나간 듯 바라보고 또 바라보았어요.

'저 배를 타고 온 세상을 두루 돌아다닐 수 있다면!'

상상만으로도 궁복은 제 몸이 바람을 가득 실은 돛폭*이 된 것처럼 느껴졌어요.

"당나라에 오길 잘했지, 형?"

---

* 돛을 이루고 있는 넓은 천.

벅차하는 궁복의 모습을 보는 정년의 가슴도 벅차올랐어요. 대답 대신 궁복이 웃어 보였지만 성이 찰 리 없는 정년이었어요.

"웃지만 말고…… 잘했지, 응? 잘했지?"

"그래, 잘했다."

"끝내주지?"

"끝내준다."

말하는 중에도 정년은 부지런히 좌우를 두리번거리며 괭이처럼 날래게 걸음을 옮겼어요. 당나라 장인들이 빚은 도자기며 남방에서 올라온 신기한 과일들, 서역으로부터 들여온 유리 세공품까지 정년의 눈길을 끄는 것들은 사방에 널려 있었어요. 이상한 옷을 입고 상점을 기웃거리는 이방인들의 모습도 빼놓을 수 없는 구경거리였지요.

완이는 그 모든 풍경이 제 것인 양 우쭐해서 앞장을 섰어요. 궁복은 큰 눈을 빛내며 흐뭇하게 뒤를 따랐고요.

기와집, 초가집, 작은 집, 큰 집…… 집집의 굴뚝마다 저녁연기 피어오르고 기분 좋은 피로가 밀려오는 가운데 신라방에서의 첫날이 저물고 있었어요.

갈림길에서

다섯 번의 봄, 여름, 가을, 겨울이 지나가고 초주에 다시 봄이 찾아왔어요. 강남 제비를 부르는 꽃향기 풀 냄새로 대기는 싱그럽게 부풀어 오르고 포구는 긴 겨울잠에서 깨어나 다시 온 나라의 배들을 맞아 들였지요. 초주 신라방도 봄을 맞아 분주하게 돌아가기 시작했어요.

부르는 소리. 대답하는 소리. 흥정하는 소리. 웃음소리. 소리들 사이로 온종일 사람과 짐바리*가 들락거리고 겨우내 살이 오른 말과 소들은 콧구멍을 벌름거리며 신선한 공기 속으로 수레를 몰았어요. 이제는 궁복에게도 익숙해진 풍경들이었지요.

고향을 떠나 당나라로 건너온 지 어느덧 5년여. 그동안 궁복은 사람 좋은 전지관의 배려로 신라방 안의 여러 업무를 두루 경험해 볼 수 있

---

* 말이나 소로 실어 나르는 짐.

었어요. 전지관을 도와 행정 일을 거들기도 하고 호위 무사로 상단을 수행한 적도 여러 번이었지요. 때로는 직접 상담에 나서 이런저런 거래를 성사시키기도 하면서 궁복은 당나라 말을 배워야 할 필요성을 절실히 느꼈어요. 그래서 정년을 데리고 틈만 나면 통역관을 찾아 가르침을 청했고, 사정이 여의치 않을 땐 만만한 완이라도 붙잡고 복습을 게을리하지 않았어요.

될 성 부른 재목을 기르는 건 언제나 보람 있는 일이지요. 해서 통역관뿐만 아니라 전지관은 전지관대로, 상방의 행수들은 행수들대로 이들을 가르쳐 수하에 두고 싶어 했어요.

궁복은 신라방의 모든 업무가 흥미로웠어요. 상단 호위는 긴장을 요하는 일이었지만 바깥바람을 쐬며 세상 구경을 할 수 있어 좋았어요. 전지관 밑에서 배우는 행정 업무도 당나라 말에 조금씩 귀가 뚫리자 꽤 만만해졌지요. 통역은 어려움없었지만 통역관을 따라다니며 이 나라 저 나라 사람들을 접해 본 일은 좋은 경험으로 남았어요. 당나라 사람, 일본 사람, 아라비아 사람, 페르시아 사람…… 온갖 사람이 온갖 말로 외치고 부르고 속삭이는 속을 바람처럼 휘젓고 다니노라면 궁복은 마치 자신이 넓고 깊은 바닷속을 헤엄쳐 다니는 고래가 된 것 같은 느낌이 들곤 했어요.

워낙 재주도 많고 온갖 것에 호기심이 많은 궁복이었지요. 하지만 사실 그의 관심이 쏠려 있는 일은 따로 있었어요. 물건을 고르고 흥정하고 사고파는 일, 다름 아닌 장사였어요.

5년 전 처음 신라방에 몸담아 잔심부름을 거들던 때부터 궁복은 유독 장사에 마음이 끌렸어요. 누구는 사고 누구는 팔아서 서로가 만족하는 가운데 발 달린 짐승처럼 돈이 움직여 널리 퍼지고 교환되는 과정이 신기했어요.

호위 무사로 상단을 따라다닐 때도 궁복은 행수들이 거래를 트고 상담을 진행하는 모습을 눈여겨보곤 했었어요. 온 세상의 진품 명품을 가득 실은 채 유유히 대운하를 오르내리는 화물선들을 바라볼 때면 궁복의 가슴은 하늘에라도 닿을 듯 벅차올랐어요.

'언젠가는 나도 무역선을 거느린 대행수가 되어 드넓은 바다를 마음

껏 누비고 다녀야지.'

궁복은 마침내 자기만의 별을 찾은 기분이었어요.

'별을 향해 걷기를 멈추지 않는다면 언젠가는 꿈에 닿게 되겠지.'

마음속으로 진로를 결정하고 나자 뭐든 더 열심히 보고 배워야겠다는 생각에 궁복의 하루하루는 한층 눈코 뜰 새 없이 돌아갔어요. 페르시아산 양탄자와 향신료를 전문으로 취급하는 행수 장씨의 상방에서 본격적으로 무역 업무를 배우는 틈틈이 외국 말이며 뱃일, 배 만드는 일까지 기웃거리고 다니느라 하루 24시간이 부족할 지경이었지요.

문제는 정년이었어요. 신라방에 들어오고 처음 얼마간은 정년도 매사에 열심이었어요. 새로운 생활에 대한 흥분과 무엇이든 지기 싫어하는 성격이 정년을 부추겼어요. 형제처럼 의좋은 청년들이 아옹다옹 열성을 부리는 모습이 밉지 않아 총관을 비롯한 어른들은 갈수록 궁복과 정년을 아껴 주었지요.

하지만 달이 가고 해가 바뀌면서 정년은 신라방 생활에 점점 싫증을 내기 시작했어요. 사실 신라방에 몸담는 문제에 대해 궁복과 정년은 처음부터 다른 생각을 가지고 있었어요. 신라방을 근거 삼아 차근차근 기반을 닦으려던 궁복과 달리 정년은 신라방을 원래의 목적지로 향하기 전에 잠깐 머물렀다 가는 여인숙 정도로만 생각했던 것이지요.

그럼에도 정년은 5년을 군말 없이 머물렀어요. 중간에 이따금 지나가는 말처럼 묻기는 했지요.

"형은 여기가 좋지? 지금 하는 일도 마음에 들고?"

궁복은 고개를 끄덕였어요.

"너는 어떤데?"

궁복이 되물으면 정년도 고개를 끄덕였어요.

"나도 좋지. 형이 좋으면 나도 좋아."

때로 정년의 대답은 이렇게 달라지기도 했어요.

"좋고 싫고를 따져서 뭘 해. 이만한 데도 없잖아."

사실 궁복과 정년은 초주에 머물면서 처음 계획했던 대로 연안 각지의 신라방을 두루 둘러보았어요. 하지만 특별히 눈에 들어온 곳도, 연줄이 닿은 곳도 없었어요. 정년이 떠나고자 해도 그동안 익숙해진 초주 신라방을 버리고 이렇게 저렇게 해 보자고 궁복을 졸라 볼 만한 건더기가 없었지요.

그럭저럭해서 초주에 눌러앉아 있는 동안 정년은 차츰 초조한 빛을 드러내기 시작했어요. 장사에 남다른 수완을 보이는 궁복과 달리 정년은 신라방 안에서 하고 싶은 일을 찾을 수 없었어요. 속엣말을 두고 아닌 척을 못하는 정년이었어요. 마음이 뻗치면 쉬 눌러 참지 못하는 성격도 별반 달라지지 않았지요.

뻗치는 마음을 가두느라 입을 닫아걸어 버린 것인지 어느 때부턴가 정년은 말수가 부쩍 줄어들었어요. 궁복을 따라 마지못해 드나들던 상방에도 툭하면 나오지 않고 어디론가 슬그머니 사라지기 일쑤였지요. 그러던 어느 날 하루 종일 모습을 보이지 않다가 해거름에야 나타난 정년이 불쑥 입을 열어 말했어요.

"나 여길 떠나기로 했어."

어디를 헤매다 왔는지 정년은 머리칼이 헝클어지고 저고리 여기저기에 검불이 묻어 있는 모습이었어요. 궁복에게 봉술을 익힌다고 와 있던 완이가 휘둥그레진 눈으로 정년을 쳐다보았어요.

"형! 그게 무슨 말이야!"

궁복은 크게 놀라지 않았어요. 정년의 방황을 조마조마한 마음으로 지켜보면서 이런 사태에 대해 미리 각오를 해 둔 덕분이었지요. 궁복은 자리를 비켜 달라는 뜻으로 완이의 어깨를 가볍게 두드렸어요. 그런 뒤 침착한 눈으로 정년을 쳐다보며 물었어요.

"떠나서 어디로 가려고?"

정년은 궁복의 시선이 부담스러운 듯 눈을 내리깔았어요.

"이곳엔 내가 할 만한 일이 없어. 난 뭘 만드는 데도 젬병이고 장사에도 소질이 없어. 솔직히……."

궁복은 잠자코 귀를 기울였어요.

"난…… 그딴 데 관심도 없어. 난 그런 거나 하려고 바다를 건너온 게 아니야. 솔직히…… 당나라에만 오면 무슨 수가 날 줄 알았지. 한데 이건…… 이건……."

정년의 목소리가 격해졌어요.

"됐어. 더 말 안 해도 돼."

궁복이 부드럽게 정년을 다독였어요.

"나가서 어쩔 계획인지나 들어 보자."

정년은 그제야 고개를 들어 궁복을 마주 보았어요.

"서주로 갈 거야."

"서주는 왜?"

"서주 아문*에서 군사를 뽑는대. 난 병사가 될 거야."

이번에는 궁복도 눈이 휘둥글어졌어요.

"언제?"

"보름 뒤."

"뭐?"

"보름 뒤에 무술 시합이 있대. 일단 시합에 참가해야지."

"너 혼자서 말이냐?"

정년은 다시 눈을 내리깔았어요.

"형은 여기서 잘하고 있으니까……."

"……."

"괜찮아. 나 때문에 신경 쓸 것 없어."

"그걸 말이라고 하는 거니?"

"진심이야. 형이 나 때문에 불편해하지 않았으면 좋겠어."

정년의 말에 궁복도 시선을 내리깔았어요. 서로 발끝만 내려다보며 침묵이 길어졌어요.

궁복은 정년의 마음을 이해할 수 있었어요. 어려서부터 한결같이 품어 온 정년의 꿈은 병사가 되고 장군이 되는 것이었지요. 신라방에 들어

---

* 옛날에 관청을 이르던 말.

와 용케 5년을 버텼지만 정년의 생각이 다른 데 있다는 걸 궁복이 모를 리 없었어요.

정년은 궁복에게 미안해서 몸 둘 바를 모르겠다는 심정이었어요. 더 이상 견딜 수 없어서긴 했지만, 막상 뱉고 보니 제 말이 얼마나 비겁하고 이기적인지 돌아보아졌어요. 길 떠날 때 같이 살고 같이 죽자던 약속을 헌신짝처럼 저버린 자신이 밉고 싫었어요.

"생각해 보자."

정적을 깨고 먼저 입을 연 사람은 궁복이었어요. 정년은 시선을 떨군 채 고개만 끄덕였어요. 하지만 생각해서 쉬 답을 얻을 수 있는 문제였다면 서로 그렇게 괴로워할 필요도 없었겠지요.

무거운 마음만큼이나 무거운 침묵이 흘렀어요. 고향을 떠나온 이래 가장 긴긴 밤이 깊어 가는 동안 궁복도 정년도 더는 말이 없었어요.

정년이 서주 아문 이야기를 꺼낸 지 이틀이 지난 점심참이었어요. 밥그릇에 코를 빠뜨린 채 밥알만 세고 있는 정년에게 궁복이 말을 건넸어요.

"연아!"

"……."

"나도 갈게. 같이 가자."

놀란 정년이 얼굴을 들어 궁복을 바라보았어요. 궁복은 빙그레 웃으며 고개를 끄덕였어요.

"형!"

정년은 웃는 듯 우는 듯 벅찬 얼굴로 소리쳐 부르고는 그만 할 말을 잊어버렸어요. 감격에 겨워 말을 잇지 못하는 정년에게 궁복은 다시 한 번 고개를 끄덕여 주었어요.

"네가 가면 나도 가야지. 당연한 일 아니냐?"

"형……."

정년의 눈에 물기가 어렸어요. 성미 급하고 고집도 셌지만 마음이 여린 정년이었어요. 신라방을 떠나 혼자 군대에 들어갈 일이 아득하던 차에 궁복이 함께 가겠다니 이보다 기쁜 일이 또 있을까요. 단번에 마음이 턱 놓이면서 용기백배해지는 한편으로 정년은 미안함과 걱정스러움에 돌을 삼킨 듯 가슴이 무거워졌어요.

"하지만 여기 일은 어떻게 하고?"

"여기야 나 하나쯤 없어진들 대수겠니? 어제 전지관님 뵙고 사정을 말씀드렸더니 다 이해해 주시던데 뭐."

여전히 빙글빙글 웃는 얼굴로 궁복은 대수롭잖게 대답했어요.

"그게 아니라 내 말은…… 형은 여기 일을 마음에 들어 했었잖아. 후회하지 않겠어?"

"깊이 생각해서 내린 결정이야. 후회 같은 거 안 한다."

"하지만 혹시라도……."

궁복이 자기 때문에 내키지 않는 선택을 한 건 아닌지 정년은 걱정스러웠어요.

"어림없는 소리 마라. 내가 이래 봬도 나 싫은 일은 울 아버지가 와서 빌어도 안 하는 사람이다."

정년을 안심시키려고 궁복은 짐짓 너스레를 떨었어요. 아주 틀린 말은 아니었지요. 장사 일 돌아가는 셈속은 제법 꿰뚫었으니 이제쯤 군대 밥 좀 먹어 보는 것도 나쁘지 않겠다 싶었거든요. 그제야 정년은 얼굴빛이 밝아져서 활짝 웃었어요.

마침내 고대하던 무술 시합 날이 닥쳐오자 궁복과 정년은 정들었던 신라방 식구들과 작별하고 연수현*을 향해 길을 떠났어요. 서주 아문이 있는 연수현은 초주에서 그리 멀지 않았어요. 총관 이하 모든 사람들이 둘의 성공을 빌어 주었어요. 상단 호위 무사로서 해적이나 인근 폭력배들을 상대로 여러 번 무예 실력을 입증한 적이 있는지라 모두들 두 사람이 무술 시합에서 좋은 결과를 얻을 것을 믿어 의심치 않았어요.

헤어지기 힘들었던 건 완이였지요. 궁복과 정년이 떠날 결심을 밝힌 날부터 하루에도 몇 번씩 눈물 바람으로 마음을 아리게 하던 완이는 마지막 날 아침 다행히 울음을 그쳤어요.

"다시 올 거지? 약속 지켜! 꼭 돌아오는 거야?"

다짐을 두는 목소리에는 여전히 눈물기가 어려 있었지만 완이는 끝내 의젓한 미소로 둘을 보내 주었어요. 덕분에 궁복과 정년은 한결 가벼운 발걸음으로 신라방을 떠날 수 있었어요.

스물셋. 스물다섯. 쇳덩이도 삼킬 나이였지요. 궁복의 동행으로 정년

---

* 롄수이현.

의 자신감은 더욱 하늘을 뚫을 것만 같았어요. 아문이 가까워질수록 거리는 사람과 우마차로 붐볐지만 두 사람은 거리낄 게 없었어요. 처음 당나라 땅을 밟던 앳된 소년들의 모습은 어디서도 찾아볼 수 없었지요. 부리부리한 눈매에 어깨가 떡 벌어진 장부들의 모습을 참가자들은 힐끗힐끗 곁눈질하며 지나쳐 갔어요.

"가자, 우리도."

궁복이 속삭였어요.

"좋아."

정년이 고개를 끄덕였어요.

둥! 둥! 둥!

북소리가 울렸어요. 시합 시간이 가까워졌음을 알리는 북소리였어요. 시합이 열릴 훈련장을 향해 사람들은 걸음을 재촉하고, 무리에 섞여 걸어가는 두 신라 청년의 뒷모습은 그중에서도 우뚝했어요.

용병의 길

훈련장으로 쓰이는 드넓은 벌판에 서주 아문의 깃발이 휘날리고, 높은 단상에는 자사*를 비롯한 관리들이 의관을 갖추어 자리 잡았어요. 앞줄 옆줄을 칼같이 맞춰 선 병사들은 후임을 뽑는 무술 시합에 즈음하여 어깨에 한층 힘이 들어간 모습이었지요. 이번 시합에서 선발된 장정들은 모두 무령군**에 들어가게 된다고 했어요. 무령군은 군기가 엄하고 용맹하기로 명성이 자자했지요.

"와! 와!"

구경꾼들은 장정들이 멋진 솜씨를 보일 때마다 목청껏 고함을 지르

---

* 벼슬 이름. 중국 한무제 때 전국을 13개 주로 나누고 각 주마다 자사를 두어 행정을 감찰하도록 한 데서 비롯됨. 뒷날 주목, 태수 등으로 명칭이 바뀌었다가 되돌려지기를 반복함.

** 서주 아문 소속의 외국인 용병 부대. 무녕군이라고도 함.

며 응원에 열을 올렸어요. 창 잘 쓰는 사람, 봉 잘 쓰는 사람, 말타기에 능한 사람들이 서마다 갈고닦은 실력을 뽐내는 가운데 자칫 삐끗하여 엉덩방아를 찧거나 말에서 굴러 떨어지는 이들도 있었지요. 그럴 때면 구경꾼들은 허리가 끊어져라 박장대소하며 모처럼의 나들이 기분을 만끽했어요.

궁복과 정년은 막판에야 순서가 닿았어요. 덕분에 다른 참가자들의 시범을 처음부터 끝까지 지켜볼 수 있었지만 특별히 눈길을 끄는 고수는 없었어요. 뭐 이 정도면 충분히 해 볼 만하다는 생각이 들었지요.

마침내 차례가 되어 시험관이 두 사람의 이름을 불렀어요.

"초주에서 온 궁보옥!"

"초주에서 온 정녀언!"

궁복과 정년은 큰 소리로 대답한 다음 훈련장 한가운데로 침착하게 걸어 나갔어요.

"시범은 창검술부터 실시한다. 실시!"

시험관의 구령에 따라 둘은 한 치의 흔들림도 없이 머릿속에 있는 동작을 펼쳐 나갔어요. 박력이 넘치면서도 절도를 잃지 않는 젊은 무사들의 시범은 단숨에 구경꾼들의 눈을 사로잡았어요. 단상에 높이 앉은 관리들 사이에서도 놀란 눈짓과 귓속말이 오고 갔어요. 창이고 검이고 봉이고 어느 하나 막힘없는 늠름한 모습에 관중석에서는 연신 박수갈채가 터져 나왔지요.

하지만 진정 놀랄 일은 그다음부터였어요. 궁복과 정년이 가장 자신

있어 하는 활쏘기와 말타기가 남아 있었으니까요.

 이름에도 활 '궁'자가 들어 있는 궁복의 활 솜씨는 어려서부터 유명했어요. 코흘리개 시절 나뭇가지를 꺾어 만든 장난감 활을 가지고 탱자나무 울타리의 노란 열매를 백발백중 쏘아 맞혔지요. 좀 더 자라서는 나는 새도 쉬 떨어뜨렸고, 정년과 함께 무예를 단련하면서는 말을 타고 달리면서 움직이는 표적을 쏘는 데 어려움이 없었어요. 들판 가운데 얌전히 놓인 과녁을 뚫는 것쯤은 식은 죽 먹기보다 간단한 일이었지요.

 궁복을 제외하면 정년의 활 솜씨 또한 참가자들 가운데서는 당할 사람이 없는 실력이었어요.

 100보. 300보. 500보.

과녁은 점점 멀어졌고 시험관의 두 눈은 갈수록 휘둥그레졌어요. 화살이 과녁에 명중할 때마다 구경꾼들은 우레와 같은 함성을 질렀어요. 궁복과 정년은 멀찍이서 둘만 알아볼 수 있는 눈짓과 미소를 주고받았지요.

이어진 말타기는 더욱 볼 만한 구경거리였어요. 말이란 녀석들은 섣부른 기수를 한눈에 알아보는 재주가 있어, 기수가 조금이라도 어설픈 낌새를 보이면 사납게 날뛰거나 내동댕이쳐서 본때를 보이려는 습성이 있지요. 하지만 궁복과 정년을 보자마자 말들은 콧바람을 불고 볼을 비

비며 아양을 떨어 댔어요. 채찍도 필요 없이 말과 사람이 한 몸으로 바람을 가르는 모습에 관중석에서는 다시 함성이 터져 올랐지요.

"우와, 빠르다!"

"멋있어! 최고야!"

관중들이 미처 입을 다물 새도 없이 궁복과 정년은 말 잔등과 배를 자유자재로 오르내리며 갖은 기술을 펼쳐 보였어요. 눈으로 보면서도 믿어지지 않는 광경이었지요. 정년은 특히나 말에서 굴러 떨어지듯 몸을 날렸다가 등자*에 걸어 둔 다리 힘만으로 단숨에 말 잔등에 올라타는 묘기를 부려 보는 사람들에게 까무러칠 것 같은 즐거움을 안겨 주었어요.

시합이 모두 끝난 뒤에도 구경꾼들은 자리에서 일어날 줄 몰랐어요. 오랜만에 좋은 구경을 했다는 뿌듯함이 얼굴마다 흐뭇하게 떠올라 있었어요. 모인 사람들 중에서도 으뜸으로 기분이 좋은 이는 서주 자사였지요. 무령군의 위세를 드높여 줄 탐나는 인재들을 뽑았다는 만족감에 자사는 염소수염을 거푸 쓸어내렸어요.

구름 같은 인파 앞에서 유감없이 실력을 발휘한 궁복과 정년이 서주에서의 첫 밤을 흐뭇하게 맞이한 건 말할 나위도 없는 일이었지요.

보람찬 만큼 고단했던 하루였어요. 모처럼 긴장했던 몸과 마음이 해일처럼 밀려오는 피로 속으로 사정없이 녹아내렸어요.

"형…… 같이 와 줘서…… 고마워…….".

중얼거리는 소리에 궁복이 돌아봤을 때 정년은 이미 코를 골며 곯아

---

* 말을 타고 앉아 두 발로 디디게 되어 있는 물건.

떨어진 뒤였어요. 홑이불을 끌어당겨 정년을 덮어 주던 궁복도 입가에 떠올렸던 미소를 그대로 매단 채 어느새 잠이 들고 말았어요.

타고난 군대 체질에 자나 깨나 꿈꾸던 군인이 되고 보니 정년의 하루하루는 고기가 물을 만난 격이었어요. 팔방미인인 궁복도 적응이 빨라 둘의 서주 생활은 순조롭게 흘러갔어요.

초주 신라방을 떠나와 무령군에 몸담은 지도 어언 네댓 해. 훈련과 훈련으로 이어지는 나날이 평온하다 못해 지루하게 되풀이되던 어느 날이었어요.

"조만간 무슨 일이 터질 것 같은데…… 돌아가는 판세가 심상치 않아."

저녁 식사를 마치고 숙소로 돌아가던 길에 궁복이 나지막이 중얼거렸어요. 정년이 걸음을 멈추고 궁복을 건너다보았어요.

"무슨 일?"

"글쎄…… 뭐…… 이를테면 전쟁이라든가…….”

"전쟁?"

정년의 눈이 어둠 속에서 반짝 빛났어요.

"정말이야? 왜? 왜 전쟁이 난다는 건데?"

"꼭 전쟁이 난다는 게 아니라 이를테면…….”

"글쎄, 이를테면 어째서 전쟁이 난다는 거냐고?"

판박이처럼 반복되는 훈련에 좀이 쑤시던 정년이었어요. 뭔가 한 방

터져 줬으면 싶게 온몸이 근지럽던 참에 이다지도 솔깃한 소식이라니요. 궁복은 정년의 성화가 어처구니없다는 표정이었지만 목소리를 낮추며 말을 이었어요.

"조정에서 군사를 일으켰대. 아까 저녁 먹으면서 참모들끼리 하는 말을 들었어."

"군사를…… 왜?"

궁금증을 참지 못한 정년이 궁복의 턱밑으로 고개를 바짝 들이밀었어요.

"응? 왜?"

정년의 독촉에 궁복은 고개를 내저었어요.

"몰라. 시끄러워서 거기까지밖에 못 들었어."

대꾸하고 궁복이 걸음을 옮기려는데 정년이 잽싸게 궁복의 소매를 잡아챘어요.

"전쟁이 날지도 모른다며?"

정년은 빚쟁이처럼 끈덕지게 캐물었어요.

궁복의 입가에 쓴웃음이 떠올랐어요.

"그야 내 생각이 그렇다는 거고……."

"그러니까, 형이 그렇게 생각하는 이유가 뭐냐고?"

한번 물었다 하면 원하는 걸 얻을 때까지 놓는 법이 없는 정년이었지요. 궁복은 소매를 움켜쥔 정년의 손을 풀어 정답게 마주 잡았어요. 손을 잡은 채 숙소 쪽으로 걸음을 옮기며 궁복이 입을 열었어요.

"황제가 군대를 보낸 건 아마도…… 번진*을 손보기 위해서일 거야."

"번진? 그게 뭔데?"

궁복은 잠시 생각을 정리한 뒤 말을 이었어요.

"번진은 일종의 변방 방어 체제야. 대규모 용병을 지휘하는 장수에게 절도사의 직위를 주어 번진을 세우게 한 뒤 그 지역 내에서 자체적으로 병력과 물자를 조달해 국경을 지키도록 한 제도지."

"호오! 그런 게 있었어?"

"부병제라고, 농민들에게 땅을 주고 대신 병역을 지게 하던 제도가 무너진 뒤부터 지금까지 쭉 번진제가 시행되어 오고 있어. 일단 조정의 부담을 크게 덜 수 있다는 이점이 있으니까."

"그런데 왜 손을 본다는 거야?"

"병력과 물자를 자체 조달하는 대가로 절도사에게 부여된 권한이 너무 컸다는 게 문제지. 그게 그러니까……."

이야기를 나누며 걷는 동안 어느새 숙소에 다다랐어요. 둘은 잠시 숙소 앞 계단참에 자리를 잡았어요.

"절도사들은 번진 안에서 자체적으로 세금을 거두고 법을 집행할 수 있어. 규모만 작달 뿐 황제나 다름없는 권세라고 할 수 있지. 조정의 힘이 강할 땐 번진제를 시행하는 것이 별로 문제될 게 없어. 하지만 중앙 권력이 흐트러진 상태라면 얘기가 달라지지. 번진을 기반 삼아 중앙 권력으로부터 이탈해 독자 세력화를 꾀하는 절도사들이 늘어나고, 그러다

---

* 중국 당·오대·송나라 초기에 절도사를 최고 권력자로 했던 지방 지배 체제.

보면 개중에는 반란을 일으켜 정권을 탈취하려는 무리도 나타나게 되는 거고…….'

 개인적인 생각이라는 전제를 붙였지만 한번 시작된 궁복의 설명은 청산유수처럼 거침이 없었어요. 사실 궁복은 무령군으로 복무하는 동안 당나라 정세에 각별한 관심을 두고 여러 방면으로 공부를 계속해 오고 있었어요. 당시 당나라는 중앙 정부의 세력이 약해질 대로 약해져 각지에 흩어져 있는 절도사들의 횡행*을 제어할 수 없는 상태였어요. 결과적으로 막강한 군사력과 경제력을 갖춘 지방 군벌**이 난립하여 왕권에 도전하며 각축을 벌이는 사태에 이르고 말았지요. 그러한 때 조정에서 군사를 일으켰다면 말발굽이 어디로 향할지 짐작하기란 어려운 일이 아니었어요.

 "와우, 대단해! 나나 형이나 먹고 자고 훈련하며 세월 보낸 건 마찬가진데 어째서 나는 모르는 걸 형은 그리 잘 안대?"

 정년은 미처 몰랐던 궁복의 식견에 벌어진 입을 다물지 못했어요.

 "조금만 관심을 가지면 너도 다 알 수 있는 일이야."

 "뭐 굳이! 머리 쓰는 일은 형이 내 몫까지 알아서 해 줘."

 "궁금한 건 많은데 머리 쓰는 일은 그리 귀찮아서 어쩌니."

 "한 머리로 충분할 걸 뭣하러 둘씩이나."

 제 말에 쿡쿡 웃고 나서 정년이 다시 물었어요.

---

* 아무 거리낌 없이 제멋대로 행동함.
** 군인들의 파벌, 군인들이 중심이 된 정치적 세력.

"그래서? 그다음은?"

"뭐가?"

"전쟁 말이야. 황제의 군대와 절도사들이 한판 붙게 되는 거야?"

"일단은 제일 골치 아픈 번진부터 손을 보겠지. 조정에서 작심하고 칼을 뽑았으니 흐지부지 끝나지는 않을 거야. 하지만 상황이 그렇게 단순한 게 아니니까."

"왜?"

"조정에서 번진을 치겠다는데 절도사들이 앉아서 기다리고만 있겠니? 그동안 누려 온 엄청난 권력들을 순순히 내려놓으려 하겠어? 저마다 하나씩의 나라나 다름없는 막강한 세력들이야. 선수를 치든, 연합을 하든, 여러 가지 움직임이 있을 수 있겠지. 그 와중에 여기저기서 크고 작은 전쟁이 일어날 수도 있을 테고."

"우리는? 우리와는 상관없는 일인가?"

"상관이 있을 수도 있고 없을 수도 있지."

"왜? 어떻게?"

"여기저기서 크고 작은 전쟁이 일어날 가능성이 있다고 했지? 사태가 어떻게 전개되느냐에 따라 우리 군이 차출될 수도 있고 그렇지 않을 수도 있다는 얘기야."

"난 또…… 당장 전쟁이 터진다는 얘긴 줄 알고 흥분했잖아."

"쯧쯧. 제발 철 좀 들어라. 전쟁이 무슨 병정놀이인 줄 아니?"

"누가 병정놀이 하고 싶댔어? 형이야말로 언제까지 그렇게 사람을 철

부지 취급할 거야?"

정년이 볼멘소리를 하며 먼저 자리를 털고 일어났어요.

"전쟁이라도 터져야 공을 세우든지 말든지…… 군대라고 들어와서 이거야 뭐 허구한 날……."

뒤따라 일어선 궁복이 구시렁거리는 정년의 어깨를 따뜻하게 감싸 안았어요.

"조급해하지 마. 너 자신을 믿고 차분히 기다리면 반드시 네 값어치를 입증해 보일 날이 올 테니."

투덜대던 모습 하곤 꽤나 순순히 정년이 고개를 주억거렸어요. 궁복은 두툼한 손바닥으로 다시 한 번 정년의 어깨를 토닥거려 주었지요. 그리고 그날 밤 둘이서 나눈 대화가 예언이기라도 했던 것처럼 그로부터 얼마 지나지 않아 정년이 고대하던 일이 현실로 닥쳐왔어요.

산동반도

 황제의 군대는 채*땅을 정벌하러 나서면서 운주** 절도사 이사도에게 병력을 내어 도울 것을 요청했어요. 서쪽을 치되 동쪽도 믿을 수 없으니 동쪽의 실세인 이사도를 조력자로 묶어 두려는 계산이었지요.
 이사도는 병력 2천으로 관군을 돕는 척 나섰으나 속으로는 채와 연합하여 이를 구원할 목적이었어요. 그러나 채는 결국 관군에 의해 평정되고 황제는 관리를 보내어 이사도에게 땅을 나누고 수도 장안***에 인질을 보낼 것을 명했어요.
 이사도는 마지못해 세 개의 주를 조정에 바치고 아들을 인질로 보내

---

*   당시 회서 절도사 관할이었던 채주를 이름.
** 윈저우.
*** 당나라의 수도. 오늘날의 시안.

기로 했어요. 그런데 휘하의 여러 장수들이 입을 모아 만류하고 나서자 이사도는 군이 반대하여 따를 수 없다는 핑계로 황제의 명을 거역했어요. 화가 난 황제는 이사도의 관직을 빼앗고 여러 군대에게 이사도를 치리는 조서를 내렸어요. 이에 이사도 쪽에서도 전열을 갖추어 반격에 나서니, 이것이 중국 역사에 기록된 '이사도의 난'이지요.

궁복과 정년이 속해 있던 무령군은 바로 이 이사도의 난을 평정하는 데 투입되었어요. 산동을 근거로 삼고 있던 이사도를 치기에 인접해 있는 서주의 무령군이 유리했기 때문이지요.

당시 산동 일대에서 황제나 다름없는 존재로 군림하고 있던 이사도는 사실 고구려 유민의 후손이었어요.

고구려 멸망 때 당나라에 끌려온 부모에게서 태어난 이사도의 할아버지는 나라 잃은 백성이 출세할 수 있는 길은 군인이 되는 것뿐이라 생각하여 일찍이 군대에 들어갔어요. 평로* 절도사 휘하에서 절충장군에 오를 정도로 무예가 출중했던 그는 안사의 난**이 일어나자 토벌에 참가하여 큰 공을 세우고 당나라 조정으로부터 정기라는 이름과 절도사의 관직을 하사받았어요. 평로에서 발해만을 건너 산동반도의 등주로 상륙하여 안녹산의 잔당을 토벌한 군대가 바로 그의 평로군이었지요.

산동반도 일대는 발해와 신라로부터 오는 물자가 모이는 교역의 요

---

* 핑로우.
** 중국 당나라 현종 말엽인 755년에 안녹산과 사사명이 일으킨 반란. 현종은 촉나라에 망명하여 퇴위하고 반란군도 내부 분열로 763년에 평정되었으나 당의 중앙 집권제가 흔들리는 전환점이 됨.

충이었어요. 뿐만 아니라 당나라 전체 소금 생산량의 절반에 달하는 수확량을 자랑하는 드넓은 염전을 보유하고 있었지요. 토지 또한 비옥하여 해마다 온 백성이 소비하는 식량의 1할 이상이 이곳에서 생산되고 있었어요.

  이정기는 산동이 가지고 있는 천혜의 자연조건과 발해 및 신라와의 교역에서 얻어지는 이익을 토대로 힘을 키워 마침내는 인근 15개 주를 자신의 세력 하에 두는 강성한 번진을 일궈 냈어요. 황제로서는 그의 존재가 위협적일 수밖에 없는 상황이었지요. 이정기가 대운하를 점령하고 번진의 수도까지 청주*에서 운주로 옮겨 오자 조정의 두려움은 극에 달했

* 칭저우.

어요. 운주로부터 수도인 장안은 지척이었으니 언제 어느 때 이정기가 반심을 품고 황성으로 쳐들어올지 알 수 없는 노릇이었지요.

그러나 대운하를 틀어쥐고 위풍당당 당나라를 압박하던 이정기는 한창 나이에 병으로 죽고 말았어요. 아들 이납이 절도사직을 물려받았으나 역시 천명을 다하지 못한 채 세상을 떠나고 아들 이사고가 다시 그 뒤를 계승했지요. 이사도는 이납이 후처와의 사이에서 얻은 아들로, 이복형인 이사고가 죽은 뒤 그 자리에 오른 인물이었어요. 황제의 군대가 번진을 손보려는 낌새를 채고 관군의 창고에 불을 질러 훼방을 놓는가 하면 장안으로 자객을 보내어 승상을 암살하는 등 당나라 조정에서 보기에는 할아버지 이정기에 못지않은 골칫거리였지요.

앞에서는 따르는 척 뒤로 무슨 일을 꾸밀지 모를 인물로 경계하던 터에 이사도 측에서 공공연히 황명을 어겼으니 조정으로서는 그를 칠 명분을 얻은 셈이었어요. 마침내 때가 이르렀다고 판단한 황제는 산동 일원의 관군에 동원령을 내렸고, 이에 궁복과 정년이 무령군의 하급 병사로서 토벌전에 참가하게 된 것이지요.

변방의 번진을 경계할 목적으로 창설된 외인부대였던 무령군은 관군의 선봉대로서 공격로를 열고 전투의 기선을 제압해야 하는 막중한 소임을 띠고 있었어요. 그런데 무령군의 용맹에 겁을 먹은 이사도의 선발대장이 역심을 품고 말머리를 돌리는 바람에 상황이 급변했어요. 믿었던 심복의 배신에 이사도는 당황했고, 관군은 혼란을 틈타 총공세를 펼친 끝에 이사도의 본거지인 운주성을 함락시켰어요.

전쟁이 끝난 뒤 궁복과 정년은 난을 평정하는 데 기여한 공로를 인정받아 나란히 군중소장*의 자리에 올랐어요. 일개 병사에서 수하 1천씩을 지휘하는 장교로 승급을 하게 된 것이지요.

"형 말이 맞았어. 참고 기다리니 기회가 오는군."

정년은 입이 귀에 걸렸어요.

"이제부터 시작이야. 앞으로도 기회 닥칠 때마다 착실히 공을 쌓아 끝까지 올라가 보는 거야."

군인으로서 마침내 출세의 사다리를 타기 시작했다는 생각에 정년은 벌어진 입을 다물 줄 몰랐어요. 군중소장으로의 진급이 그의 야심에 불을 붙였지요. 반면에 궁복은 오히려 생각이 많아진 얼굴이었어요. 그에겐 이번 출정이 정년에게와는 전혀 다른 의미로 다가왔던 것이지요.

이사도의 난은 궁복에게 두 가지 새로운 주제를 안겨 주었어요. 하나는 산동반도가 가지고 있는 무한한 가치에 눈길을 돌리게 된 것이고, 다른 하나는 이사도와 같은 군벌들이 경제력을 키우고 군대를 양성하여 세력을 형성해 가는 과정에 대해 관심을 갖게 된 것이었어요.

전쟁에 나가 이름을 떨친다거나, 군인으로서 출세하여 높은 지위에 오르는 일은 궁복의 관심 밖이었어요. 어린 시절 한때 정년과 더불어 무예를 단련하고, 무령군에 들어와 소장 자리에 오르기도 했지만, 그 길에서 끝을 보겠다는 생각은 해 본 적이 없었어요.

---

* 장보고와 정년이 무령군에서 받았던 직급. 병사 1천 명을 통솔하는 중간 지휘관.

그것들은 모두 꿈을 향해 가는 과정에 불과했어요. 어려서부터 변함없이 궁복의 가슴을 설레게 한 것은 큰 배를 타고 넓은 바다를 마음껏 누비고 다니는 꿈이었어요. 그 꿈을 이루기 위해 어디서, 무엇을, 어떻게 시작해야 할지, 궁복은 마침내 그 답을 찾은 느낌이었어요.

답은 산동에 있었어요. 산동이야말로 꿈의 땅이었어요.

광활한 염전과 비옥한 토지. 사통팔달* 어디로나 오갈 수 있는 뭍길과 바닷길. 뿐만 아니라 산동반도에는 일찍이 바다를 건너온 신라인들의 사회가 광범위하게 형성되어 있어 새롭게 뿌리를 내리기에 더할 나위 없는 조건을 갖춘 곳이라 생각되었어요.

궁복은 온몸에서 뜨거운 피가 용솟음치는 걸 느꼈어요. 산동에 터를 잡고 힘을 길러서 마침내 거대한 상단을 거느리고 온 세상 바다를 휘젓고 다닐 상상에 그의 가슴은 터질 듯 부풀어 올랐어요.

궁복은 정년도 당연히 동의하리라 믿었어요. 속 깊은 궁복도 이때만큼은 자신의 꿈에 정신이 팔려 정년의 마음을 살피지 못했던 것이지요.

궁복의 이야기를 들은 정년은 벌컥 화를 냈어요.

"말이 돼? 이제야 뭐가 조금 되어 가려는 마당에?"

정년은 이제야말로 출세의 첫 계단에 올라섰다고 믿고 있던 참이었어요. 군대를 그만두고 바닷가에 가서 소금이나 굽고 살자는 궁복의 제안은 정년에게 아닌 밤중에 홍두깨나 다름없었어요.

"아니, 내 말은…… 소금이 아니라……."

---

* 도로나 교통망, 통신망 따위가 이리저리 사방으로 통함.

궁복은 정년의 반응이 당황스러웠지만 좀 더 차분히 정년을 설득해 보려 했어요. 자신이 그리는 큰 그림을 이해한다면 정년도 기꺼이 따라 주리라 생각했지요. 한데 정년에게서 돌아온 말은 더욱 뜻밖이었어요.

"형은 내가 달리 할 게 없어서 군인이 되었다고 생각하지? 하지만 기억해 봐. 어려서부터…… 아주 어릴 때부터 내 꿈은 늘 군인이 되는 거였어. 자라면서 단 한 번도 다른 뭔가가 되고 싶었던 적이 없었어. 나는 달리 할 일이 없어서가 아니라 이게 내 꿈이기 때문에 이 길을 가고 있는 거라고."

사뭇 얼굴까지 붉히며 쏘아붙인 뒤 정년은 싸늘하게 덧붙였어요.

"나를 다 안다고 생각하지 마."

궁복이 사과하며 여러 말로 달랬지만 정년은 굳은 얼굴을 풀지 않았어요. 사실 정년은 궁복의 짐작보다 훨씬 깊이 마음을 다친 거였어요. 군중소장으로의 진급은 정년이 인생에서 처음으로 맛본 성공이었지요. 더욱이 궁복과 함께 전장에 나가 얻은 성공이었어요. 정년은 앞으로도 궁복과 더불어 전쟁터를 누비며 군인으로서 크게 출세하리라는 꿈에 부풀어 있었어요.

정년의 장밋빛 꿈에 궁복은 찬물을 끼얹었지요. 정년을 화나게 하는 건 궁복이 정년의 꿈을 너무도 대수롭잖게 생각한다는 사실이었어요.

청해를 떠나온 후 처음으로 궁복과 정년 사이에는 마음의 골이 생겼어요. 궁복이 마지막까지 정년의 마음을 돌려 보려 애썼지만 정년의 반응은 끝내 냉랭하기만 했어요.

"형이 여기까지 나와 함께 와 주었다고 해서 나한테도 그걸 요구하지 마. 그때 형이 따라나서지 않았더라도, 나는 혼자서라도 오고 말았을 테니까. 지금 형이 떠난다고 해도 나는 물론 남을 거야. 산다는 게 결국 그렇고 그런 거니까. 이제부터라도 각자 알아서 갈 길 가도록 하자."

궁복은 마음이 아팠어요. 정년도 마음이 아팠어요. 하지만 뾰족한 수가 없었어요. 궁복의 마음은 이미 산동에 가 있고 정년은 서주를 떠날 생각이 없었으니까요.

상관을 찾아가 사정을 말하고 궁복이 떠날 채비를 하는 동안 정년은 아무것도 보이지 않는 척 들리지 않는 척 발끝만 내려다보고 다녔어요. 이윽고 작별의 날이 닥쳐왔지만 둘 사이는 여전히 서먹했어요.

"자리 잡아 놓고 기다려! 이놈의 군대 밥 싫증 나면 내 언제고 옷 벗어던지고 달려갈 테니."

"나가시면 좋은 처자 만나서 장가부터 드세요, 소장님!"
"저희들 잊지 마시고요!"

선후임 동료들이 왁자지껄 궁복을 배웅하는 와중에도 정년은 먼 하늘을 바라보며 장승처럼 말이 없었어요.

"간다."

궁복이 정년에게 다가가 말했어요. 정년은 묵묵히 하늘만 쳐다보았어요.

이날의 헤어짐이 얼마나 긴 이별이 될는지는 누구도 알 수 없었지요. 길동무 없는 여정이 얼마나 쓸쓸할는지도 걸어 보지 않고는 알 수 없는 노릇이었죠.

영문을 나선 궁복은 뒤돌아보지 않고 성큼성큼 걸음을 내디뎠어요. 궁복의 뒷모습이 길을 따라 완전히 사라질 때까지 정년은 하늘만 쳐다보며 장승처럼 움직이지 않았어요.

날개를 펼치다

서주를 떠난 궁복은 산동으로 향하기 전에 일단 초주에 들렀어요. 옛날 몸담았던 초주 신라방을 찾아 인사도 드리고 며칠 묵으면서 새로운 출발에 도움이 될 정보도 얻을까 해서였어요.

신라방에서는 오랜만에 돌아온 궁복을 따뜻하게 반겨 주었어요.

"약속 잊지 않고 돌아와 줘서 고마워, 형!"

달려 나와 부둥켜안으며 울음을 터뜨리는 완이를 보고는 궁복도 눈시울이 뜨거워졌어요. 무령군에 들어가고자 초주를 떠나기 전까지 궁복이 일을 거들었던 상방의 행수 장씨도 집 나갔던 아들 보듯 잡은 손을 놓을 줄 몰랐어요.

"잘 지낸다는 소식은 간간이 듣고 있었네. 자네들이 잘한다는 소리가 들릴 때마다 어깨가 절로 으쓱해지더군. 일전에는 나란히 승급까지 했다는 소식에 다들 어찌나 뿌듯해하던지."

궁복은 사람들의 진심 어린 환대가 감격스러울 따름이었어요.

"늘 염려해 주신 덕분에 겨우 밥값이나 하는 정도였는걸요."

"처지가 달라져도 겸양하는 버릇은 여전하구먼. 그래, 어쩐 일인가? 책임이 무거워진 만큼 자리를 비우기도 쉽지 않았을 텐데."

궁복은 군대를 그만두기로 한 까닭과 정년이 함께 오지 못한 사정을 간단히 설명했어요. 장씨는 선뜻 고개를 끄덕여 주었어요.

"자네가 군대에 남는다면야 장군 자리 하나는 따 놓은 당상이지. 허나 모르긴 해도 군대라는 거, 따분하고 고달프기만 하지 무슨 재미야 있을라고. 자네가 그만뒀다니 하는 말이네만."

"잘 보셨습니다. 상당히 따분합니다."

궁복이 웃으며 대꾸하자 장씨도 수염을 어루만지며 껄껄 웃었어요.

궁복은 장씨에게 산동 지역에 대한 자신의 생각을 이야기하고 조언을 부탁했어요. 장씨는 궁복의 구상에 전적으로 찬성했어요.

"군대도 그만뒀으니 기왕이면 나와 손잡고 일해 보자 권하고 싶지만…… 자네는 보다 큰 그림을 그리고 있는 것 같으니 내 욕심은 접어 두겠네. 산동을 점찍은 건 정확한 안목이야."

"감사합니다."

"가서 마음껏 날개를 펼쳐 보게. 산동에야말로 자네 같은 인재가 필요할 게야."

장씨는 궁복을 하룻밤 곁에 재우며 친자식에겐 듯 조언과 격려를 아끼지 않았어요. 오랫동안 상방을 운영해 온 장씨의 조언은 궁복에게 큰 도움이 되었어요. 고맙게도 장씨는 산동 지역의 몇몇 지인들에게 궁복의 일을 부탁하는 편지까지 써 주었어요. 궁복을 좋게 보았던 총관 또한 기꺼이 추천장을 내어 주며 앞날의 행운을 빌어 주었지요.

"분에 넘치게 성원들을 해 주시니 몸 둘 바를 모르겠습니다. 실망시켜 드리지 않도록 최선을 다하겠습니다."

떠날 날이 다가오자 궁복은 전송 나온 사람들과 일일이 악수를 나누며 마음속으로 거듭 다짐했어요. 자신을 믿어 주는 사람들과 자기 자신을 향한, 가슴 깊은 곳에서 우러나는 다짐이었어요.

마지막으로 행수 장씨와 인사를 나눈 다음 궁복은 초주 신라방을 뒤로 한 채 다시 길을 나섰어요. 괴나리봇짐을 걸머메고 행여 놓칠세라 궁복의 뒤를 따르는 사람은 완이였지요. 서주에서 돌아온 궁복의 곁을 잠시도 떠나지 않고 젖 떨어진 강아지처럼 주위를 맴돌던 완이였어요.

"지난번 형들 보내 놓고 내가 얼마나 후회했는지 알아? 이제 다시는 떨어지지 않을 테야. 군대든 어디든 나도 따라간다고!"

생떼를 쓰는 녀석을 이러지도 저러지도 못하고 있던 참에 완이 아버지가 궁복을 찾아왔어요.

"다시 만나기만 하면 어딘든 자네들을 따라가겠다고 노래 불러 온 게 어제오늘 일이 아니라네. 어딜 가든 몸뚱이 바지런히 굴려서 제 밥값은 하라 일렀으니 과히 밉상이 아니라면 내치지 말아 주게. 천지 분간 못하는 천둥벌거숭이지만 자네라면 내 안심하고 맡길 수 있으니."

궁복은 안 보는 사이 수염자리가 거뭇하게 자란 완이의 머리통을 한 대 쥐어박아 주었어요.

"미운 놈이 미운 짓만 하는구나. 멋대로 따라나섰다고 멋대로 도망칠 생각일랑 말아라."

"네, 형님!"

"떼쓰고 징징대는 것도 오늘로 끝이다."

"네, 형님!"

완이가 신이 나서 외치며 궁복의 어깨에 풀쩍 뛰어올랐어요. 맡은 일을 할 때의 똑 부러지는 모습 어디에 이처럼 덩치만 굵은 막내둥이가 숨어 있었을까요.

웃음을 참느라 궁복의 입귀가 실룩거렸어요. 성실하고 재주도 많은 녀석이 누이처럼 살갑기까지 하니 대범한 궁복도 마음이 함박꽃처럼 벙글어질 밖에요.

서주에서의 쓰라린 작별이 가슴 한구석을 후비던 와중이었어요. 뜻밖의 동행 덕분에 조금은 아픔이 누그러진 기분으로 궁복은 곧장 북쪽을 향해 걸음을 재촉했어요. 목적지는 물론 산동의 등주였어요.

산동의 관문인 등주는 해운업 중심 도시로서의 오랜 역사를 자랑하는 유서 깊은 국제 무역항이었어요. 산동반도와 요동반도를 연결하는 노철산* 수로의 시발점으로서 발해 및 신라와의 교역을 통해 엄청난 부

---

* 랴오톄산. 중국 랴오닝성 랴오둥반도 뤼순시 부근에 있는 산.

를 축적해 오고 있는 항구 도시였지요.

궁복은 등주에 터를 잡고 장사를 시작하면서 이름을 장보고로 바꾸었어요. 어차피 당나라에서 활동을 계속하려면 이곳 사람들이 부르기 쉬운 중국식 발음으로 이름을 바꾸는 게 좋겠다는 행수 장씨의 조언을 따른 것이었어요.

장보고는 궁복이라는 이름의 중국식 발음에 가까우면서 앞으로 큰 상인이 되라는 기원을 담은 이름이었어요. 장씨는 중국의 큰 성씨 가운데 하나인데다 글자 속에 궁복의 '궁'자도 들어 있어 마음에 쏙 들었어요. 궁복에게 아버지처럼 마음을 써 주는 행수 장씨와 같은 성을 가지게 된다는 점도 궁복으로서는 기꺼운 일이었지요.

장보고는 우선 산동의 주산물인 소금에서부터 손을 대어 조금씩 거래 영역을 확장해 나가기로 했어요. 그의 됨됨이와 장 행수의 보증만으로 현지 상인들로부터 상당한 도움을 받을 수 있었던 덕분에 장보고는 큰 어려움 없이 새 생활을 위한 기반을 닦아 나갈 수 있었어요. 초주 총관의 추천장을 받아 본 그곳 신라소의 압아 역시 전폭적인 지원을 약속함으로써 장보고의 새 출발에 힘을 실어 주었지요.

장보고에게는 사람의 마음을 얻어 내는 신통한 재주가 있었어요. 실은 재주라기보다 성실하고 사려 깊은 성품이 사람들을 끌어당기는 매력으로 작용했던 것이지요.

가난하고 보잘 것 없는 집안 출신이었던 장보고는 신분에 구애받지 않고 유능한 인재를 널리 등용하여 저마다 능력을 발휘할 수 있도록 돕는 한편, 무령군 소장으로 복무하면서 보여 준 남다른 통솔력으로 자신을 둘러싼 작은 사회를 이끌어 나갔어요.

초주에서 그랬던 것처럼 등주에서도 그의 주변에는 이내 사람들이 들끓기 시작했어요. 한번 그를 만나 본 상인들은 모두 그와 거래를 트고 싶어 했고, 덕분에 장보고의 사업은 하루가 다르게 번창했어요. 당나라, 신라, 서역 상인들이 다투어 그의 상방을 드나들고 취급하는 품목도 갈수록 늘어났어요.

"더 이상 주먹구구로는 안 되겠는걸? 모든 걸 좀 더 정확하게 체계화할 필요가 있겠어."

장보고는 완이에게 각 나라 상인들이 좋아하는 물건을 장부에 기록하도록 했어요. 초주 신라방 시절부터 온 나라 상인들을 접해 왔던 완이보다 그 일을 잘 해낼 사람은 없었어요.

"아라비아나 페르시아 상인들은 당나라 도자기와 비단이라면 사족을 못 쓰죠. 한번 올 때마다 물건을 숫제 쓸어 담다시피 한다니까요. 그만큼 서역 상인들이 가지고 들어오는 향료와 염료, 유리 세공품의 물량도 늘어난다는 뜻인데, 이게 또 풀어놓기 바쁘게 동이 난다는 거죠. 당나라 장사꾼들이 지키고 앉았다가 싹쓸이를 해 버리니까."

완이의 설명대로였어요. 서역 물건 중에서도 안경테를 만드는 데 쓰이는 거북 등껍질이며 흑단이나 자단 같은 고급 목재는 부르는 대로 값을 쳐 준다 해도 구하기가 쉽지 않았지요. 이러한 서역의 사치품들은 당나라의 서적이며 도자기와 함께 신라와 일본으로 흘러 들어갔어요. 신라와 일본에서 생산되는 인삼이나 금은 세공품 등은 정반대의 경로로 멀리 서역까지 유통되었어요. 발해만을 건너서 들어오는 담비 가죽도 귀부인들이 뒷돈을 걸어 놓고 구하는 인기 품목이었지요.

완이는 이 모든 내용을 꼼꼼하게 기록하고, 공급과 수요를 조절하여 장사에 차질이 생기지 않도록 수완을 발휘했어요. 장보고만큼이나 완이도 장사 일을 좋아하고 일 욕심도 많았지요. 반말이던 말투도 고쳐 장보고에게 깍듯이 행수 대접을 하는 모습이 작은 행수로서 어엿하고 듬직했어요.

"내 초주에서 혹덩이를 달고 온 줄 알았더니 이게 혹이 아니라 복덩이였구나."

장보고는 흐뭇한 속내를 감추지 않고 장난기 어린 칭찬의 말을 던지곤 했어요. 그럴 때면 완이는 일러 주지 않아도 제 값어치는 제가 잘 안다는 듯 웃지도 않고 능청스러운 대꾸를 되던져 주었지요.

"마음을 곱게 쓰면 자다가도 떡이 생기는 법이니까요."

장사 일이 기반이 잡히자 장보고는 해운과 조선에 관심을 기울이기 시작했어요. 갈수록 물량이 늘어나고 품목도 다양해지는 상품들을 다양한 거래처들과 사고팔기 위해서는 바닷길을 이용하는 새로운 운송 수단이 절대적으로 필요했기 때문이지요.

바닷가에서 태어나 일찍부터 바다에 꿈을 걸었던 장보고였어요. 하지만 그가 바다에 대해 제대로 눈을 뜨게 된 것은 등주에 터를 잡고 장사를 시작한 뒤부터였어요. 서역을 비롯한 여러 나라 상인들과 교역하면서 세상이 얼마나 넓고 큰지를 알게 되었고, 바다를 통하면 그 넓고 큰 세계와 곧바로 통할 수 있다는 사실을 깨닫게 되었던 것이지요.

일과가 끝난 저녁 시간이면 장보고는 완이를 앉혀 놓고 바다를 향한 자신의 생각을 펼쳐 보이곤 했어요.

"바닷길은 동서남북 어디로나 열려 있어. 바다를 통하면 이르지 못할 곳이 없다는 말이지."

해상 무역의 중요성과 무한한 가능성에 대해 확신을 갖게 된 장보고는 본격적으로 바다를 연구하기 시작했어요. 웬만한 뭍의 일은 완이에게 믿고 맡겨 둘 수 있었던 덕분에 큰 어려움 없이 새로운 과제에 전념할 수 있었어요.

바위투성이의 들쭉날쭉한 해안선이 이어지는 산동반도 연안은 해저에 암초가 많아 항해에 주의를 요하는 곳이 많았어요. 장보고는 틈만 나면 바다에 나가 계절에 따른 조류와 바람의 방향, 암초의 위치 등을 살핀 뒤 가지고 다니는 지도에 그것들을 빼곡히 적어 넣었어요. 남들은 알아볼 수도 없을 정도로 작은 글씨와 온갖 기호들로 채워진 그 낡은 지도는 세상 어떤 보물과도 바꿀 수 없는 장보고의 소중한 재산이었어요.

바다를 연구하는 한편으로 장보고는 직접 배를 설계했는데 신라 배와 당나라 배로부터 각각의 장점들을 취한 형태였어요. 신라 배로부터는 장거리를 항해하는 데 유리한 바다 구조를, 당나라 배로부터는 침몰에 견딜 수 있도록 칸을 여러 개로 나눈 선창 구조를 빌려 왔지요. 돛대

위에는 먼 바다를 살필 수 있는 망대를 설치하고 뱃전에는 방패를 세워 적의 공격에 대비할 수 있도록 했어요.

오래지 않아 장보고는 여러 척의 무역선을 거느린 거대 상단의 행수로 성장했어요. 신라방과 신라소를 중심으로 뭉친 신라 사람들의 단합된 힘이 장보고의 성장을 도운 추진력이었지요. 신라 사람들은 예로부터 항해술과 조선술에 남다른 소질을 보였는데, 이 방면에 재능을 가진 동족들의 도움 또한 장보고가 독보적인 해상 세력으로 커나가는 데 중요한 밑거름이 되었어요.

상단의 규모가 커지자 장보고는 무역선들을 무장시킬 필요성을 느꼈어요. 상단이 항해에 나서면 보통은 관선들이 호위를 위해 따라붙었는데, 그 정도로는 부족하다고 판단해 스스로 병력을 기르기로 마음먹었던 것이지요.

하늘이 장보고를 내려다보고 있었던 것일까요. 이 무렵 반가운 손님이 등주를 찾아왔어요.

"자네가 웬 일인가! 먼 길을 용케 찾아왔구먼!"

장보고가 버선발로 달려 나가 반긴 사람은 무령군에서 한솥밥을 먹던 이창진이었어요. 군중소장 시절 장보고의 직속 부관으로, 충직하고 용맹하면서 부하들 중 유난히 장보고를 따르던 인물이었지요.

"소장님 떠나신 뒤 나름 생각이 많던 참에 최근 군에서 인원을 대폭 줄이려는 움직임이 있어 제 스스로 옷을 벗었습니다."

이창진은 그간 무령군에서 있었던 일을 장보고에게 간추려 설명했어요.

"번진이 평정되어 군대의 쓰임새가 줄어든 데다 거듭된 흉년으로 나라 살림이 어려워지는 통에 대대적인 감군 바람이 불어 닥쳤지요. 퇴출 대상이 된 인원 외에도 군에 더 이상 희망이 없다고 본 다수의 장병들이 자발적으로 군대를 떠났습니다."

"연이는? 연이는 어떻게 됐나?"

장보고로선 무엇보다 궁금한 소식이었지요.

"소장님은 군에 남으셨습니다. 제가 등주로 올 것을 결심하고 소장님을 찾아뵈었는데, 그곳에 남겠다는 의사가 완강하셔서 동행을 권할 수 없었습니다."

"으음, 그래……."

장보고는 입술을 깨물었어요. 더는 물을 것도 알 것도 없다는 듯 말없이 고개를 끄덕이는 그의 얼굴에선 그리움과 안타까움이 짙게 배어나고 있었어요.

하지만 이창진은 어쩌면 정년을 대신해서 하늘이 보내 준 사람인지도 몰랐어요. 뜻하지 않았던 이창진의 합류로 장보고의 사업은 다시 한 번 탄력을 받게 되었어요. 완이가 상단의 업무를 도맡았듯 때마침 추진하고 있던 상단의 무장을 이창진이 틀어쥐고 감독해 주었거든요.

당시 황해 일원에는 이어진 가뭄과 흉년으로 해적들이 기승을 부리고 있었어요. 해적들은 상선이든 어선이든 가리지 않고 약탈과 살육을 일삼았지요. 등주 앞바다에 출몰하는 해적들은 특히나 잔인하기로 악명

높았어요.

"군벌이 통제하고 있을 때는 교역에 제한을 받는 대신 해적의 위협으로부터는 상대적으로 안전한 편이었지. 그런데 이사도가 축출되자 산동 일대가 무주공산*의 혼란에 빠져 버린 거야. 호랑이 떠난 산에 여우들이 설치는 꼴이랄까. 해적들이 저희끼리 각축을 벌이는 웃지 못할 상황이 벌어지고 있는 거지."

장보고의 설명에 이창진은 고개를 끄덕였어요. 들어 보니 교역로 개척과 사업 확장에 우선하여 상단의 무장이 무엇보다 시급한 형편이었어요.

이창진은 장보고의 지휘 아래 신라인 중심으로 구성된 선원들에게 틈틈이 군사 훈련을 시켰어요. 각각의 배에는 활과 창, 칼 등 무기를 비치하고, 배들이 선단을 이루어 항해할 때에 대비하여 진법 훈련도 게을리하지 않았어요. 무령군에서 복무했던 두 사람의 경험이 바탕이 되지 않았다면 그토록 짧은 기간에 상단을 무장하는 일은 불가능했겠지요.

어느덧 장보고 선단은 해적들이 두려워하는 강력한 세력으로 떠올랐어요. 선원들은 해적이 나타나도 두려워하지 않고 오히려 해적선을 공격하여 납치된 사람들을 풀어 주는 여유를 과시했어요. 장보고는 해적에게 붙잡혀 노비로 팔릴 위험에 처했다가 풀려난 사람들을 신라방에 소개하거나, 적당한 일을 맡겨 자신의 상단에 정착할 수 있도록 도와주었어요.

---

* 임자 없는 빈산.

산동 일대에서 장보고의 인기는 갈수록 높아졌어요. 신라인은 물론 고구려와 백제 유민의 후손까지 포함하는 이민자 사회에서 장보고는 그들의 정신적 지주이자 보호자로 떠오르고 있었어요. 이사도의 영향력이 제거된 무주공산에 강력한 새 지도자가 나타난 것이었지요.

큰 뜻을 품고
신라로

 햇볕을 받으면 붉은색으로 빛나다가 비가 오면 더욱 진한 붉은빛을 띠는 신비한 바위산.
 적산* 앞바다를 지나던 장보고의 눈이 번쩍 빛났어요. 고운 봄비 속에 장밋빛으로 타오르는 바위산의 자태가 그날따라 불현듯 그의 마음을 사로잡은 것이었어요.
 '저곳에 절을 지어야겠다!'
 장보고의 뇌리에 계시처럼 떠오른 생각이었어요. 바닷길을 연구하러 배를 타고 나선 참이었던 그는 등주에 돌아오자마자 완이와 이창진을 불렀어요.
 "내가 오래전부터 생각해 오던 일이 한 가지 있어. 정든 고향을 등진

---
* 츠산.

채 타관을 전전하는 동포들에게 위안과 의지가 되어 줄 절을 하나 세워야겠다고 말이야. 마침 오늘 적산포를 지나다가 마땅한 장소를 발견했지. 불사의 공덕을 지으면 부처님께서 늘 함께하며 보살펴 주실 테니 항해 중인 선원들에게도 정신적으로 큰 힘이 될 거야."

장보고는 곧장 절터를 사들여 사찰 건립에 나섰어요. 구당 신라소가 있는 등주 문등현의 적산포. 장보고의 마음을 사로잡았던 붉은 바위산을 뒤로 하고 동쪽으로 신라를 오가는 바닷길을 굽어보는 아담한 언덕이었어요. 깎아지른 절벽이 남북으로 병풍을 이루고 맑은 물이 정원을 가로질러 서쪽에서 동쪽으로 흐르니 절터로는 더할 나위 없는 명당이었지요.

장보고가 적산에 절을 짓는다는 소식을 듣고 일대 주민들은 몹시 기뻐했어요.

"태풍에 서방 잃고, 역병에 자식을 빼앗기고도 찾아가 매달릴 데가 없었는데 내 살아생전에 부처님을 가까이 모시게 되다니……."

사람들은 절 짓는 구경을 하려고 미처 터도 다져지지 않은 적산으로 몰려들었어요. 넉넉잖은 살림에 공양미 한 줌이라도 보태려는 주민들의 발길이 이어지는 걸 보고 장보고는 이들을 위해 좀 더 일찍 절을 짓지 못한 것을 안타까워했어요.

착공한 지 2년여 만에 법화원이라 이름 지은 절이 완공되었어요. 장보고는 절 살림을 위해 쌀 5백 섬지기 논을 시주했어요. 남자와 여자 승려들은 모두 신라 출신으로 모셨고 살림을 맡아 줄 공양주 보살들도 신라 사람 중에서 뽑았어요.

대웅전에 부처님을 모시는 봉안식 날에는 산동 일대의 모든 상인들까지 하루 일을 쉬고 법회에 참석했어요.

"산동의 숙원을 젊은 행수께서 풀어 주시니 뭐라 감사의 말씀을 드려야 할지 모르겠소이다."

사람들은 다투어 장보고의 노고를 치하했어요. 장보고는 손사래를 치며 겸양했지만 모두가 한목소리로 그의 이름을 칭송하는 걸 막을 수는 없었어요.

단청과 탱화로 아름답게 장식된 법화원에는 날마다 사람들이 구름처럼 몰려들었어요. 법회는 신라식, 설법은 신라 말로 진행되었고 공양도 신라 음식으로 차려졌어요. 사람들은 부처님의 은덕 속에서 향수를 잊고, 제 나라 음식을 나누며 타향살이의 설움을 달랬어요.

법화원처럼 당나라 때 신라방 안에 세워진 절을 신라원이라고 불렀어요. 명절 같은 때 수백 명의 신도가 모여 함께 불공을 드리고 휘황한 연등 불빛 속에 탑돌이를 하는 광경은 서라벌의 어느 절을 그대로 옮겨 놓은 듯 장관을 이루었지요. 당나라에 들어와 신라원에 신세를 지곤 하던 일본 승려들에겐 신라 사람들이 누리는 이런 특혜가 부러움의 대상이 되기도 했어요.

어느덧 법화원은 산동의 명소로서 인근 신라인들의 정신적 구심점으로 자리 잡았어요. 뱃사람들은 배를 띄우기 전에 이곳에서 항해의 안전을 비는 기도를 올렸어요. 고국에 전할 급한 소식이 있는 이들도 인편을 구하고자 법화원을 찾곤 했어요. 신라로 건너가려는 당나라 사절단들도 배에 오르기 전에 으레 법화원에 들렀어요. 신라 본국과의 연락이 빈번한 이곳에서 미리 신라 안의 사정을 알아보고 여행의 안전과 편의를 구하기 위해서였어요.

장보고의 명성은 이제 신라 사람뿐만 아니라 일대의 당나라 사람들에게도 깊은 인상을 안겨 주었어요. 사람들은 존경을 담아 그의 이름을 입에 올렸고 장보고 상단이라는 명칭은 곧 신용의 다른 이름으로 통하기에 이르렀어요.

하지만 완성되지 않은 장보고의 꿈은 아직 더 넓은 바다를 향해 넘실대고 있었어요. 산동은 그 넓은 세상으로 나아가는 발판이었고, 바야흐로 출항의 시기가 무르익어 가고 있었어요.

장보고가 활동하던 시대에는 당나라나 신라 모두 중앙 정부의 지배력이 느슨해져서 흉년이 들면 각지에서 난민이 발생하고 뭍과 바다에는 도적들이 떼 지어 일어나 노략질을 일삼곤 했어요. 장보고는 기근에 삶터를 등진 사람들과 새로운 활동 무대를 찾아 바다를 건너온 인재들을 포용하고, 신라인 특유의 탁월한 해상 활동 능력을 적극 활용함으로써 급속한 성장을 이룰 수 있었어요.

산동에서 착실히 기반을 다진 그는 바닷길을 통한 국제 무역에 박차를 가해 일본과의 교역을 촉진하고 고국 신라와도 조심스럽게 거래를 늘려 나갔어요. 당연히 바다를 살피고 새로운 항로를 개척하는 일에도 더욱 심혈을 기울이게 되었는데, 보다 정확한 연구를 위해 장보고 자신이 직접 배를 타고 일본을 다녀온 적도 있었어요. 그 과정에서 장보고는 일본과 당나라를 연결하는 해로에 배를 정비하고 필요한 물자를 보충할 중간 기착지가 절대적으로 필요하다는 결론을 내리기에 이르렀어요.

그 무렵 흉년이 거듭된 신라에서는 살길을 찾아 고향을 등지는 유민들의 숫자가 급격히 늘어났어요. 황해 바다는 이들을 노리는 해적들의 횡포로 몸살을 앓고 있었어요. 해적들은 직접 재물을 갈취하기도 했지만 몸값을 비싸게 받을 수 있고 납치하기도 쉬운 여자와 어린아이들을 잡아 노비로 파는 일에 더 열을 올렸어요. 당나라 황제가 여러 번에 걸쳐 신라인을 노예로 매매하지 못하도록 하는 칙령을 내렸으나 인신매매를 뿌리 뽑는 데는 별 효과가 없었어요.

이런저런 상황을 신중하게 검토한 장보고는 마침내 확신을 가지고

한 가지 중대한 결단을 내렸어요.

'신라로 돌아가야겠다. 가서 조정에 해적 퇴치를 위한 군진과 교역 거점을 겸할 해상 기지 건설의 가능성을 타진해 봐야겠어.'

언젠가 돌아가리라는 소망은 늘 가슴 밑바닥에 깔려 있었어요. 장보고는 이제 드디어 그 소망을 실행에 옮길 때가 되었다고 생각했어요.

귀국을 결심한 장보고가 맨 먼저 떠올린 사람은 정년이었어요. 서로 뜻하는 바가 달라 잠시 떨어져 지내 오긴 했지만 고국으로 돌아간다면 당연히 정년과 함께여야 한다는 생각이었어요.

"여긴 어쩐 일이야?"

지체 없이 연수현을 찾아간 장보고를 정년은 뜨악한 얼굴로 맞았어요. 헤어지던 날의 서먹함이 아직 풀리지 않은 표정이었어요.

장보고는 그새 많이 지친 듯한 정년의 모습에 가슴이 아팠어요. 상단 일에 매달려 너무 오래 정년을 돌아보지 못했다는 후회가 가슴을 때렸어요. 정년이 골을 부리는 게 당연하다고 생각하며 장보고는 불퉁스런 태도를 개의치 않고 곧장 용건을 꺼냈어요.

"너를 데려가려고 왔다. 나와 같이 신라로 돌아가자."

순간적으로 정년의 얼굴 근육이 꿈틀거렸어요. 장보고의 입에서 지나가던 길에 잠시 들렀다거나, 기껏해야 군대 생활을 접고 산동에서 함께 지내자는 얘기나 나올 줄 알았다가 뜻하지 않은 제안에 몹시 충격을 받은 듯한 모습이었어요. 마음의 동요를 감추고자 정년은 눈을 내리깔았어요. 장보고는 그동안 생각해 온 내용을 간추려서 설명한 다음 함께 귀국할 것을 거듭 권했어요.

"이제 때가 되지 않았니? 평생 객지 물을 먹을 작정은 아니었잖아."

눈을 내리깐 채 쓰다 달다 말이 없던 정년이 고개를 번쩍 들어 장보고를 노려보았어요.

"무슨 때? 누구에게 무슨 때가 됐다는 건데?"

쏘아붙이는 정년의 입귀가 씰룩거렸어요. 장보고는 당황해서 대꾸할 말을 찾을 수 없었어요. 정년의 눈동자가 설핏 젖어들더니 이내 걷잡을 수 없는 물기가 두 눈 가득 차올랐어요. 눈물을 보이지 않으려고 벽을 향해 돌아앉았지만 온몸에 차오른 원망과 설움이 정년의 어깨를 타고 흘러내렸어요.

때가 되었다면 그건 장보고에게 그렇다는 것이겠지요. 정년에게는 아직 '돌아갈 때'가 이르지 않은걸요. 돌아가고 싶은 마음이 굴뚝같아도 떠날 때와 마찬가지로 빈손인 채로는 돌아갈 수 없는걸요.

본의는 아니지만 장보고는 정년에게 또다시 상처를 준 꼴이 되고 말았어요. 뒤틀린 상황을 되돌려 보려는 어떤 노력도 소용이 없었어요.

"돌아가서 함께 할 일이 많다. 부디 마음을 돌리려무나."

간곡한 설득도 진심 어린 사과도 정년을 움직일 수 없었어요.

불쑥 찾아온 장보고가 실은 얼마나 반가웠던가요. 활짝 반기지 못하는 자신이 얼마나 미욱하게 느껴졌던가요.

정년은 장보고 없는 서주 생활에 많이 지쳐 있었고, 군인으로서의 출세에 대한 미련도 웬만큼은 접은 상태였어요. 감군 바람으로 부대 분위기도 뒤숭숭해서 장보고가 굳이 산동으로 함께 가자면 못 이기는 척 따라 나설 마음도 없지 않았지요.

그런데 장보고는 산동이 아니라 신라로 가자고 말했어요. 돌아갈 때가 되었다고 말했어요. 산동이 떠받드는 명성을 앞세워 금의환향하는 사람이야 돌아갈 길이 바쁘기도 하겠지요. 하지만 알량한 군중소장 계급장 하나로 세월을 분지르고 있던 정년에게는 그런 장보고가 여전히 자기 입장에서만 매사를 생각하고 있다고 느껴졌어요.

지난날 장보고의 뒷모습이 영문을 나서던 순간부터 줄곧 그를 향해 열어 두었던 마음을 정년은 굳게 닫아걸어 버렸어요. 이미 먼 길을 혼자서 걸어왔으니 남은 길도 혼자 걸어가면 그뿐이라고 생각했어요.

등을 돌린 채 정년은 끝내 말이 없었어요. 장보고는 정년의 등만 오래 바라보다가 먼 길을 혼자 돌아오는 수밖에 없었어요.

신라 흥덕왕 즉위 3년째 되던 828년.

장보고는 마침내 대망의 귀국길에 올랐어요.

이창진이 부장으로 장보고를 수행하고 등주 상단의 일은 완이가 남아서 돌보기로 했어요. 엄청난 양의 금은보화를 상선 여러 척에 나눠 싣고 뱃머리를 나란히 하여 서라벌을 향하는 광경은 과연 눈이 번쩍 뜨이는 장관이었어요. 이름 없는 섬 소년으로 고국을 떠났다가 산동의 실력자가 되어 돌아온 장보고의 화려한 귀환에 구경 나온 사람들은 벌어진

입을 다물지 못했어요.

서라벌 조정에서는 장보고의 거취를 두고 의견이 분분했어요.

"그자가 당나라에서 보인 행적이 대견하다 하나 근본이 미천한 섬사람에게 냉큼 중앙 조정의 벼슬자리를 내어 줄 수는 없는 일이 아니겠소?"

"그렇기는 하지만 대 놓고 홀대를 하기도 꺼림칙한 일입니다. 당나라 내에 그자의 세력 기반이 막강한 터에 섣불리 비위를 건드렸다가 장차 어떤 화근이 될지 알 수 없는 노릇이니까요."

서라벌 조정의 벼슬자리 따위는 안중에 없던 장보고가 보기에 이들의 전전긍긍하는 모습은 우스꽝스러울 뿐이었어요. 하릴없이 서라벌에서 지체되는 시간을 참다못한 장보고는 결국 어전에 나아가 자신의 속내를 밝혔어요.

"제가 원하는 바는 우리 백성을 해치는 해적 무리를 토벌하고 황해 일원의 원활한 교역을 돕기 위한 해상 기지 건설을 허락해 달라는 것뿐입니다. 아는 것이 바다와 장사뿐이라 다른 일에는 관심도 없고 맡겨 주셔도 감당하기 어렵습니다."

신라 조정으로서는 듣던 중 반가운 얘기가 아닐 수 없었어요. 벼슬자리는 원치 않는다고 제 입으로 말했으니 뒷말이 있을 수 없겠고, 제아무리 장보고라 한들 섬 구석에 똬리를 틀면 서라벌에 위협이 될 만한 일을 꾀할 수도 없으리라는 판단이었어요. 다행히 장보고가 황해의 해적을 소탕해 준다면 조정의 골칫거리 하나가 덤으로 해결되는 셈이니 그야말로 손 안 대고 코 푸는 격이었지요.

왕은 흔쾌히 장보고의 청을 수락하고 대사 칭호를 하사했어요.

"그대의 품은 뜻이 아름다우니 힘껏 도모하여 나라와 백성에 이로운 바가 되도록 하라."

대사란 말 그대로 중요한 임무를 띤 왕의 사신이라는 뜻이었으나 정식 관직은 아니었어요. 신라의 벼슬에는 존재하지도 않는 직함이었지요.

"성은이 망극합니다. 모자라는 재주로나마 최선을 다해 맡겨 주신 은혜에 보답하겠습니다."

장보고는 큰절을 올리고 어전을 물러 나왔어요. 처음부터 벼슬 이름 같은 건 아무래도 상관없던 장보고였어요. 군진 건설의 청이 받아들여진 것을 다만 기뻐하며 총총히 궁궐을 나서는 장보고의 가슴에는 한시바삐 서라벌을 벗어나 청해를 보고 싶은 조바심만 가득했어요.

청해진

관군과 현지에서 자원한 병사들로 이루어진 1만 군사에 지역 주민들이 부역을 자청하고 나서 준 덕분에 군진 공사는 큰 어려움 없이 진행되었어요. 필요한 자재의 대부분은 인근에서 구했고, 근처에서 구할 수 없는 물품은 이웃 고을 또는 당나라까지 언제라도 배를 내어 조달해 오도록 했어요.

장보고의 금의환향에 감격하여 자갈 짐이라도 나르겠다며 달려온 주민들 중에는 거동이 불편한 노인과 어린아이들도 섞여 있었어요.

"한몫이 안 되면 반몫이라도 거들게 해 주셔유. 청해의 자랑인 우리 대사님께서 높은 뜻을 세워 큰일을 허시는디 못생긴 주먹 하나라도 보탠 내력이 있어야 뒷날 두고두고 자랑을 삼제라."

그 뜻이 고마워서 장보고는 누구도 내치지 않고 각자 적당한 일감을 찾아서 맡겨 주었어요. 물론 주민들 중에는 솜씨 좋고 경륜 있는 기술자들도 여럿 있었지요. 목공이나 토목 일이 전문이면서 지역 출신답게 인근의 지세와 토질, 자생하는 나무들의 종류와 물일에도 달통한 사람들이었어요. 그들은 평생의 경험에서 우러난 귀중한 조언들로 장보고가 계획을 세우고 추진하는 데 큰 도움을 주었어요.

공사는 장군섬과 청해 본섬 두 부분으로 나뉘어 진행되었어요. 장군섬에는 본영과 객사, 사당을 짓고 꼭대기에는 먼 바다를 한눈에 내려다 볼 수 있도록 망대를 설치했어요. 섬 중턱에는 등주 적산포의 법화원을 닮은 절을 지어 법화사라 이름 지었지요. 청해 앞바다를 오가는 선박들과 선원들의 무사 안녕을 기원하기 위한 사찰이었어요.

객사 옆에는 식수를 공급해 줄 우물을 파고 바다로 열린 섬의 서쪽 경사면에는 상선들이 드나들 선착장을 설치했어요. 깎아지른 바위들이 자연 방벽을 이루는 나머지 삼면을 목책으로 빈틈없이 둘러싸면 나는 새나 드나들 수 있는 철통 요새가 완성될 터였지요.

본섬의 장좌 마을과 죽청 마을에는 활터와 훈련장, 창고와 마방이 들어섰어요. 장보고는 이곳에도 우물을 파서 군사들의 식수로 사용할 수 있도록 했어요. 또한 죽청 마을에는 삼면이 육지로 에워싸인 작은 만이 있었는데, 여기에는 장보고가 오래전부터 각별히 관심과 정성을 쏟고 있는 시설이 들어설 예정이었어요. 바로 배를 건조하는 조선소였어요.

초주 신라방에서 처음 조선소를 보고 깊은 감명을 받은 장보고는 이곳 지형이 초주의 조선소와 흡사하다는 사실을 발견하고 여기에 조선소를 세우기로 마음먹었어요. 조선소가 완공되면 숙련된 기술자들을 초빙하여 청해진에서 사용할 병선과 상선들을 직접 만든다는 계획이었지요.

꽝! 꽝! 꽝!

힘차게 울려 퍼지는 망치 소리 속에서 조용하던 섬마을은 하루가 다르게 모습을 달리해 갔어요. 주민들은 농사와 뱃일 틈틈이 공사를 거들었고, 병사들은 훈련과 훈련 사이에 짬을 내어 농사와 공사를 도왔어요. 죽청 마을 일대에 넓게 펼쳐진 한들 평야는 예로부터 땅이 기름지기로 유명하여 1만 군사와 주민들이 나눠 먹을 충분한 식량을 내 주었지요.

장보고는 사방에 흩어져 있는 공사 현장을 둘러보고 육지와 바다에서 병사들을 조련하느라 눈코 뜰 새 없는 나날을 보냈어요. 당나라에서부터 장보고를 수행해 온 부장 이창진이 장보고의 일을 나누어 공사 감독과 훈련을 거들었지요.

이창진은 믿을 수 있는 인물이었어요. 영민하고 충직하여 장보고의 오른팔로서 부족함이 없었지요. 그러나 이창진의 존재가 소중하게 느껴질수록 장보고는 당나라에 두고 온 정년이 그리웠어요. 정년이 청해에 있어 다른 한쪽 팔이 되어 준다면 세상에 겁날 일도 부러울 일도 없을 것 같았어요. 무령군 장교로서 당나라 군대를 지휘했던 정년이라면 특히나 병사들을 훈련시키는 일은 완전히 믿고 맡길 수 있겠지요.

당나라에서 배가 들어올 때마다 장보고는 가슴을 졸였어요. 특히 서주나 초주를 경유한 상선이 들어오면 혹시라도 정년의 소식을 들을 수 있을까 귀를 곤두세웠지요.

'어떻게 지내는지…….'

'몸은 건강한지…….'

기다리는 마음에는 나이테 같은 주름이 잡히고 동백꽃처럼 그리움은 시들었다 다시 피기를 반복했어요. 그러나 스쳐 가는 풍문으로도 정년의 소식은 들리지 않는 채 무심한 세월이 조금 더 흘러갔어요.

장보고가 청해진에 버티고 앉은 이후로 해상에서는 신라 사람을 노예로 사고파는 일이 깨끗이 사라졌어요. 또 당나라와 일본을 연결하는 뱃길이 장보고의 영향력 아래 놓이게 됨으로써 청해진은 국제 무역의 중간 기지로서 엄청난 부를 축적하게 되었어요. 모직물과 담요, 침향과 정향 같은 서역산 물건들이 청해 앞바다를 통해 일본으로 건너가고 일본과 신라의 금과 은, 인삼 제품은 당나라를 거쳐 서역까지 흘러들었어요.

장보고는 중계 무역에 그치지 않고 당나라로부터 도자기 만드는 기술을 들여와 강진에 도요*를 만들고 직접 도자기를 만들어 팔았어요. 강진의 고령토는 순도가 뛰어나 이것을 원료로 만든 도자기는 일본과 당나라에서 비싼 값에 팔렸어요.

골품제로 입신의 길이 가로막힌 유능한 청년들은 청해진 대사가 인재를 아낀다는 소문을 듣고 다투어 장보고의 휘하로 몰려들었어요. 장보고는 이들을 거두어 알맞은 자리에 배치하고 각자의 재능을 살려 상인이나 장교로 키웠어요.

청해진은 무역 거점인 동시에 잘 훈련된 병력을 보유한 해군 기지였어요. 각국의 상단들은 자주 청해진에 상선의 호위를 요청했고, 장보고의 군대는 그때마다 훌륭히 임무를 수행했어요. 호위를 청하지는 않더라도 남해를 통과하는 배들은 모두 청해진에 항해 사실을 신고해야 했으니 청해진은 또한 일종의 세관과도 같은 역할을 겸했지요.

매일 여러 나라의 수많은 배들이 들고 나는 국제 무역항으로서 청해진의 명성은 날로 높아갔어요. 장보고가 오래 품어 온 꿈이 마침내 명실

---

* 도기를 굽는 가마.

상부˚한 해상 왕국의 모습으로 그 완성을 눈앞에 두게 된 것이었어요.

그런 어느 날, 동박새 지저귀는 소리 명랑한 아침이었어요. 부장의 안내를 받은 노인 하나가 장보고 앞에 허리를 구부렸어요.

"대사님, 밤새도 강녕허셨제라?"

백발성성한 머리까지 깊이 조아려 보이는 이는 죽청 마을 사는 정 영감이었어요.

"강녕이라니요. 당치 않습니다. 말씀 편하게 하시라니까요."

반갑게 응대를 하면서도 장보고는 송구해서 어쩔 줄을 모르겠는 표정이었어요. 어려서 보고 지내던 이웃 어르신들의 과한 공대가 좀처럼 익숙해지지 않는 장보고였어요. 정 영감은 당치 않은 분부라는 듯 체머리를 흔들었어요.

"법도가 엄연헌디 그래서야 쓰간디요. 나잇살 먹을수록 공과 사는 분간헐 줄 알아야제라."

옆에서 지켜보던 부장의 얼굴에 미소가 떠올랐어요. 장보고와 나이 지긋한 주민들 사이에 심심찮게 벌어지는 실랑이였거든요. 매번 어슷비슷한 언사를 주고받기가 싱겁기도 하련만 지칠 줄 모르는 쌍방의 고집이 우스꽝스럽게 느껴졌어요.

"네에…… 편한 대로 하세요. 그런데 여긴 어쩐 일로……?"

장보고도 미소를 깨물며 부드럽게 물었어요.

"이런 정신 좀 보게나. 그것이 그러니까……."

---

* 이름과 실상이 꼭 들어맞음.

정 영감은 그제야 찾아온 용건이 생각났다는 얼굴이었어요. 얘기인즉 간밤에 누가 정 영감의 집을 찾아왔다는 것인데, 듣고 있던 장보고의 표정이 심상치 않게 출렁거렸어요.

"그래서요? 지금 어디 있습니까?"

장보고가 소리쳤어요. 부장이 무슨 일인가 싶어 쳐다보는데 장보고는 어느새 댓돌을 내려서서 뜰 안을 가로지르고 있었어요.

"잠시 다녀와야겠네. 따라오지 않아도 돼."

부장에게 이르는 듯 마는 듯 뒤도 돌아보지 않고 내닫는 장보고를 정 영감이 발을 끌며 뒤쫓아 갔어요.

"대사님! 지랑 같이 가셔야제라!"

소란에 놀란 새들이 가지를 바꿔 앉으며 한바탕 호들갑을 떨었어요.

쮸쮸 찌이 찌이 찌이.

쮸쮸 찌이 찌이 찌이.

장보고의 흥분한 모습에서 부장이 짐작한 대로 찾아온 사람은 정년이었어요.

마지막으로 장보고와 헤어진 뒤 정년의 삶은 내리막길의 연속이었지요. 이렇다 할 연줄도 배경도 없는 이방인에게 당나라 사회는 호락호락 곁을 내어 주지 않았어요.

군대에서는 더 이상 기대할 게 없고 신라인 사회에서의 처신도 막연할 뿐이었어요. 술로 세월을 보내던 정년은 한 잔 두 잔 주량이 늘어 급기야 큰 병을 얻고 말았어요. 병든 몸으로 밤낮 술에 절어 지내던 정년이 군에서 떨려 나게 된 건 예정된 순서였지요. 가족도 없이 이 집 저 집 식객으로 떠돌며 비참한 나날을 보내던 그는 어느 날 연수 수장* 풍원규를 찾아가 말했어요.

"그만 이곳을 떠날까 합니다. 신라로 돌아가 장보고를 찾아볼 생각입니다."

풍원규는 정년의 처지를 딱하게 여겨 형편껏 약값도 대 주고 밥값도 보태 주던 호인이었어요. 정년이 장보고와 어긋나게 된 내막을 들어 알고 있는지라 이제 와서 장보고에게 돌아가겠다는 정년의 말에 풍원규는 고개를 갸웃거렸어요.

"장보고와는 별로 유쾌하지 못하게 헤어졌다고 하지 않았나? 이런 모습으로 돌아간들 달가워하겠는가?"

"장보고는 그렇게 품이 작은 인사가 아닙니다. 군대에서 출세해 보려던 꿈도 깨어진 마당에, 설사 지난날의 어리석음에 대한 벗의 질책이 호되다 한들 이국땅에서 구차한 생활을 이어 가는 것보다야 낫겠지요."

정년의 대답은 결연했어요.

풍원규에게서 얼마간의 노자를 얻은 정년은 그 길로 귀국길에 올랐어요. 하지만 길 나설 때 마음과 달리 막상 청해에 이르자 선뜻 장보고를 찾아갈 엄두가 나지 않았어요. 그렇다고 초라한 행색으로 부모님 집을 찾아들 면목도 없어 먼 친척뻘 되는 정 영감네 집에서 하룻밤 신세

---
* 수비 대장.

를 지게 된 참이었지요.

　한달음에 정 영감 집으로 달려간 장보고는 정년과 눈물로 상봉했어요.

"연아!"

"형!"

"잘 왔다! 이제라도 돌아와 주어 고맙구나."

"형……."

　그간의 원망을 모두 씻어 내고도 남을 눈물이 얼싸안은 두 사람의 볼을 타고 흘러내렸어요. 서로를 등지고 헤쳐 온 세월이 아팠던 만큼 되찾은 우정의 소중함은 더욱 가슴에 사무쳤어요.

"형……."

"그래……."

"고마워요."

"나도 고맙다."

　석 달 열흘 풀어 놓아도 못다 할 사연이 마주 잡은 손에서 손으로 흘러 더는 말이 필요 없는 두 사람이었어요. 장보고와 정년의 마음은 다시 하나가 되었어요. 썰물 때면 갈라져 장군섬까지 길을 냈다가도 밀물이 들면 언제 그랬냐는 듯 출렁이며 어우러지는 청해 앞바다처럼 둘의 마음도 출렁출렁 하나로 차올랐어요.

　정년의 귀국은 장보고에게 용이 날개를 얻은 격이었어요. 군사들을 훈련시키거나 배를 건조하고 수리하는 등 진중의 일을 정년이 빈틈없이 꾸려 준 덕분에 장보고는 더 먼 바다로 마음껏 날개를 펼칠 수 있었

어요.

　연병장과 병영, 조선소와 망대 등을 두루 갖춘 완벽한 요새로 완공된 청해진은 이제 해상 무역의 중심으로 우뚝 서서 동남아 각국과 이슬람 세계를 이어 주고 있었어요. 변변한 여비도 계획도 없이 불확실한 미래를 향해 떠났던 섬 소년들이 마침내 돌아와 자신들의 고향에 꿈을 실현한 것이었어요.

　망대에 올라 나란히 먼 바다를 바라보는 장보고와 정년의 가슴에는 밀물 같은 감개가 차올랐어요. 신분에 갇히기를 거부하고 내디뎠던 미래로의 한 걸음. 과감하지만 무모했던 그 한 걸음을 둘이 아닌 혼자였다면 쉬 내디딜 수 있었을까요.

　당나라의 대시인 두목*은 장보고와 정년의 아름다운 우정을 예찬하면

---
*　중국 당나라 말기의 시인(803~852). 시풍이 호방하고 맑고 신뜻함. 특히 칠언절구에 뛰어남.

서 자신의 『번천문집』에 두 사람의 재회 장면을 이렇게 기록했어요.

"…… 그 술자리가 끝나기도 전에 서울에서 사자가 이르렀는데 대신이 왕을 시해하고 나라가 어지러우며 왕이 없다 하였다. 장보고는 군사 5천을 나누어 정년에게 주며 정년을 잡고 울며 말하기를 '네가 아니면 환란을 평정할 수 없다.'고 하였다. 정년은 수도에 들어가 반란자를 베고 왕을 세움으로 보답하였다."

두목은 이어 '그 마음이 변하지 않을 것을 알고 그 재능이 맡길 만한 것을 안 후에야 마음을 의심치 않고 군사를 나누어 줄 수 있는 것이다.'라고 덧붙이고 있으니 정년에 대한 장보고의 신뢰가 그와 같았어요. 어떤 곡절과 어떤 이별로도 끊어질 수 없는 끈이 언제 어디서나 두 사람을 굳건히 묶어 주고 있었던 것이지요.

깊이 보는 역사
해상 무역 이야기

'언젠가는 나도 무역선을 거느린 대행수가 되어
드넓은 바다를 마음껏 누비고 다녀야지.'
궁복은 마침내 자기만의 별을 찾은 기분이었어요.
'별을 향해 걷기를 멈추지 않는다면
언젠가는 꿈에 닿게 되겠지.'

바다에서 꿈을 펼치다
장보고와 정년

전라남도 완도에서 태어난 두 청년이 있었어요. 둘은 드넓은 바다를 보며 꿈을 키웠어요. 하지만 엄격한 골품제 사회였던 신라에서 이 청년들이 할 수 있는 일은 많지 않았어요.

장보고와 정년 두 청년은 바다 건너 당나라에 가서 새로운 도전을 시작했어요. 평소 무예 훈련을 꾸준히 했던 이들은 뛰어난 실력으로 군인이 되어 공을 세우고 군중소장으로 승진하는 등 군대 내에서 자리를 잡았어요. 하지만 군인으로 출세하는 것보다 큰 뜻을 품고 있던 장보고는 당나라 생활을 접고 신라로 돌아왔지요.

장보고는 청해진에 군사 기지를 설치하여 해적들을 무찔렀어요. 또 당나라에서 신라를 거쳐 일본으로 가는 바닷길을 열어 무역과 문물의 교류를 활발하게 할 수 있도록 했답니다. 정년은 장보고보다 늦게 신라로 돌아왔지만, 장보고를 도와 해적들을 소탕하고 함께 바닷길을 만들어 어린 시절 두 사람이 꿈꾸었던 새로운 세상을 열어 갔어요.

▲ 장군섬이라 불리는 완도의 장도로, 장보고가 설치한 청해진의 본진이 있었던 곳이에요.

신라 시대 해상 무역의 발달

삼국 통일 후 사회가 안정되면서 신라는 당나라를 비롯한 여러 나라들과 활발히 교류했어요. 당나라에는 금과 은의 세공품, 인삼 등을 수출하였고, 당나라로부터는 비단, 옷, 책, 공예품 등을 수입하였지요. 이런 과정에서 사신과 유학생, 승려, 상인 등이 자주 당나라를 왕래하였어요. 당나라로 공부하러 간 신라의 유학생 중에는 외국인이 응시하는 과거인 빈공과에 합격하여 관리가 된 사람도 있었어요.

신라와 당의 교류가 활발해지면서 산동반도를 비롯한 중국 동쪽 해안 지역에 신라인들의 자치 구역인 신라방과 신라소, 신라원이라는 절도 생겨났어요.

8세기에 이르러서는 일본과의 무역도 활발해졌어요. 이 과정에서 신라 불교는 일본에 큰 영향을 끼쳤어요. 무역과 불교의 교류가 활발해지면서 울산항과 당항성 등은 국제 무역을 열어 가는 항구로 자리 잡았고, 당나라와 일본은 물론 이슬람 상인까지 드나들면서 활기를 띠었어요. 이 무역 길은 아라비아 해, 인도양, 남중국해를 넘나드는 동서 바닷길, 해상 실크 로드를 열게 했어요.

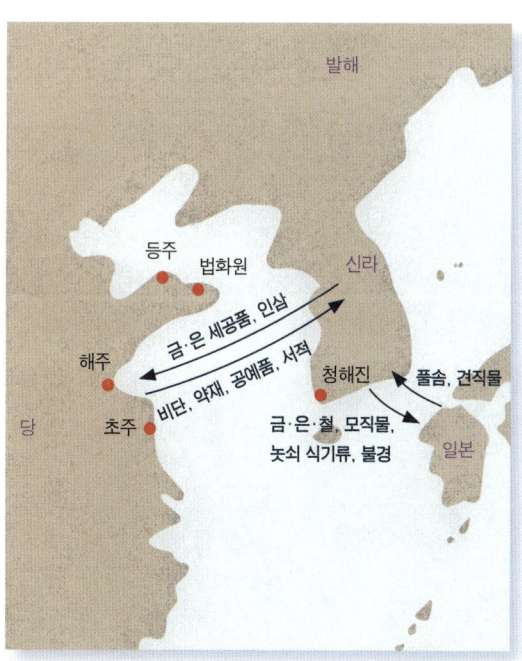

◀ 통일 신라는 동아시아의 여러 나라와 활발하게 교류하였어요.

장보고 기념관에서 마주하는 역사

장보고 기념관은 장보고의 고향 완도에 자리하고 있어요. 드넓은 바다를 바라보며 해양 개척의 꿈을 키워 나간 장보고를 기리기 위해 만들어졌지요. 기념관 앞바다에 떠 있는 섬이 바로 1,200년 전 장보고가 청해진 본영을 세웠던 장도예요. 이곳의 해안에는 울타리처럼 원형 통나무로 목책이 설치되어 있는데, 외부의 침입을 막고 배들이 쉽게 드나들 수 있도록 설계한 것이지요. 현재 장보고 기념관도 원형 통나무 목책을 통과해야 들어설 수 있어요.

◀ 장보고 기념관은 2008년 완도군 완도읍 장좌리, 청해진의 옛 터에 지어졌어요.

1. 도자기와 차 문화를 발달시키다

장보고는 해상 무역이 활발해지자 교역 물품 중 가장 인기 있는 도자기를 신라에서 직접 만들게 했어요. 당에서 도자기 기술을 들여와 전남 강진에 가마터를 짓고 생산한 도자기를 일본에 수출했어요. 장보고가 만든 도자기는 고려청자의 기원이 되었고, 후에는 도자기를 사용하는 차 문화에도 영향을 주었어요.

▲ 강진군 대구면과 칠량면, 해남군 화원면 신덕리 일대에서 발견된 도자기예요.

2. 중국의 적산법화원을 세우다

'신라원'은 신라방이나 신라소에 세워진 신라 사람들의 사찰이에요. 그 대표적인 절이 장보고가 신라인들의 안전과 평화를 기원하고 정신적 위안처가 되길 바라는 마음으로 중국 산동성 적산촌에 건립한 법화원이에요. 1988년에 복원 공사를 시작해서 1990년에 완공된 절에 장보고 동상을 세워 장보고의 업적을 기리고 있어요.

▲ 적산법화원은 신라원 중에서 가장 대표적인 절로, 무역의 거점이 되기도 했어요.

3. 일본의 적산대명신이 되다

적산선원은 일본의 유명한 승려인 엔닌의 제자들이 일본 교토에 세운 절이에요. 엔닌이 당나라에 공부하러 갔을 때 법화원에 오랫동안 머물며 장보고에게서 많은 도움을 받았어요. 엔닌이 쓴 총 4권짜리『입당구법순례행기』중 2권에 장보고가 세운 법화원 이야기가 나오지요. 생전에 한 번도 장보고를 만나지는 못했지만 항상 그를 흠모하는 마음을 가지고 있던 엔닌은 제자들에게 장보고를 '적산대명신'으로 모시고, 적산선원을 세우라는 유언을 남겼어요.

▶ 엔닌이 머물렀던 엔라쿠 지에 세워진 장보고 기념비예요.

바다의 신이 된 장보고의 배

　장보고가 청해진 일대뿐 아니라 동아시아의 거친 바다를 항해하며 중국, 일본 등과 활발히 교류할 수 있었던 원동력은 무엇일까요? 바로 튼튼한 배를 만들 수 있는 조선술과 바닷길을 훤히 꿰고 있는 뛰어난 항해술 덕분이었지요. 작지만 날렵했던 장보고 무역선은 내부가 격자 구조로 나뉘어져 있어서 거센 파도에 강했어요. 또 배의 일부가 암초에 부딪쳐 파손되어도 침몰하지 않았지요. 당시 만들어졌던 장보고 무역선은 복원되어

해상 왕국을 만든 장보고

　장보고는 바다를 이용해 새로운 세상을 열어 간 해상왕으로 지금도 많은 사람들이 존경하는 인물이에요. 하지만 신라에서는 골품제로 인해 많은 차별을 받고 기회를 얻지 못했어요. 결국 정년과 당나라로 건너가 실력을 인정받아 크게 성장하였지요.
　장보고는 당나라에서의 성공에 만족하지 않았어요. 보다 큰 꿈을 안고 신라로 돌아온 그는 고향인 완도에 청해진을 설치하여 해적을 소탕하고 바닷길을 개척해 중국과 일본, 아라비아에 이르기까지 활발히 국제 무역을 전개해 나갔어요.
　신라와 당, 일본 세 나라를 아우르는 해상 왕국을 건설한 장보고는 당대에도 높은 평가를 받았어요. 당나라의 시인 두목은 장보고를 동방에서 가장 성공한 사람이라고 평가했지요. 그 시대에 장보고로부터 많은 도움을 받은 사람들이 그를 존경하여 사당을 지었고, 지금도 일본에서는 장보고를 바다의 신으로 모시고 있어요.

지금은 장보고 기념관에 전시되어 있어요. 이 배를 타고 넓은 바다를 호령했을 장보고의 모습을 떠올려 보세요.

▶ '교관선'이라 불린 장보고 무역선으로, 당나라와 일본, 중국을 오갔어요.

뛰어난 장군, 정년

　정년은 어린 시절 장보고와 함께 당나라로 건너가 병사부터 시작해서 군중소장에 오를 정도로 뛰어난 무예 실력을 지녔어요. 군진 건설의 큰 뜻을 품고 장보고가 함께 귀국하기를 권했을 때도 군대에 남는 쪽을 택했던 정년이었지요. 하지만 군인으로서 크게 출세하지 못한 채 감군 바람마저 불어 닥치자 정년은 결국 당나라를 떠나 장보고 곁으로 돌아왔어요. 장보고로서는 천군만마를 얻은 듯 든든한 일이었지요. 김우징을 도와 민애왕의 군대와 맞서게 된 긴박한 순간에 장보고는 정년에게 군사 5천을 맡기며 나아가 싸우도록 했어요. 정년의 용맹과 인간됨에 대한 믿음이 없고는 내릴 수 없는 결단이었지요. 정년은 임무를 훌륭히 수행하여 장보고의 믿음에 보답했어요. 보잘 것 없는 섬마을 출신으로서 동아시아 해상을 아우르는 해양 왕국 건설의 금자탑을 이룩한 장보고와 나란히 역사 속에 그 이름을 전하고 있는 정년의 이야기는 오늘날에까지 큰 울림을 안겨 주고 있답니다.

함께 이루는 아름다운 순간

장보고

- 790?년
  전라남도 완도에서 태어남.

- 813?년
  정년과 함께 큰 뜻을 품고 당나라로 건너감.

- 810~819?년
  당나라에서 무령군 소장이 됨.

790?년 — 800?년 — 810?년

- 790?년
  전라남도 완도에서 태어남.

- 813?년
  장보고와 함께 당나라로 건너감.

- 810~819?년
  당나라에서 무령군 소장이 됨.

정년

821년
적산에 법화원이라는 절을 세움.

828년
신라로 돌아와서 흥덕왕으로부터 청해진 대사에 임명됨.

836?년
동아시아의 해상권을 장악한 해상왕이 됨.

838년
정년으로 하여금 청해진 군사를 이끌고 김우징을 돕게 하여 김우징을 왕위에 오르는 데 큰 공을 세움.

841년
신라 조정에서 보낸 염장에게 암살됨.

820?년　　　830?년　　　840?년

837?년
고향인 완도로 돌아옴.

838년
군사 5천 명을 이끌고 나아가 김우징이 왕위에 오르는 것을 도움.

 작가의 말

장보고는 우리 역사상 가장 유명한 인물 중 한 명입니다. 세종 대왕이나 이순신 장군처럼 국민 누구나가 사랑하고 존경하는 민족의 영웅이지요. 역사의 아이콘이라 부를 만한 이분들은 너무 유명한 나머지 애초부터 왕이나 장군이었을 것 같은 착각을 불러일으킵니다. 코흘리개 유년기도 개구쟁이 소년 시절도 거치지 않고 처음부터 완성된 인격으로 존재했을 것 같은 착각 말이지요.

이 책은 그런 착각을 걷어 내고, 아직 어린 장보고, 가난하고 미천했던 장보고의 모습을 들여다보려 합니다. 아무것도 모르고 아무 힘도 없었던 장보고가 청해진 대사가 되고 해상 왕이 되기까지의 길을 따라가 보려 합니다. 위인으로 태어난 게 아니라(당연한 얘기죠?) 위인이 되어 간 장보고의 걸음걸음을 통해 '꿈은 이루어진다'는 믿음을 어린 독자들과 공유할 수 있길 바라면서요.

그 길에 미리 와서 우릴 기다리고 있는 한 친구를 소개하겠습니다. 욕심 많고 시샘 많은 떼쟁이지만, 의리 있고 정도 많아 미워할 수 없는 짝꿍 같은 친구인데요. 영웅의 그림자에 가려 이름조차 희미한 이 친구야

말로 실은 이 이야기의 또 다른 주인공입니다.

 장보고와 한 마을에 나고 자라서 같이 웃고 같이 울며 평생을 함께한 친구. 오늘날 우리가 알고 있는 장보고라는 위인이 있기까지 이 친구의 역할은 무엇이었을까요? 또한 학교에서 매일 만나는 내 친구는 나의 인생에, 나는 친구의 인생에 어떤 의미와 영향을 끼치게 될까요? 책 속의 길을 걸으며 함께 생각해 보고자 하는 주제입니다.

 강성했던 장보고의 해상 왕국이 당대의 영광으로 끝나고 만 것은 역사의 크나큰 아쉬움이 아닐 수 없습니다. 하지만 글로벌 시대의 발전 모델에 가장 근접한 역사 인물로서 장보고는 오늘날에도 빈번히 인용되고 재조명되고 있습니다. 남다른 포부와 비전으로 한 시대를 경영했던 장보고와 그의 친구의 이야기가 새로운 역사의 주역이 될 독자 여러분께 또 하나의 생각의 씨앗이 될 수 있기를 희망합니다.

―2017년 10월,

황영옥

참고한 책

『삼국사기』, 김부식 지음, 이병도 역주, 을유문화사, 1987
『삼국유사』, 일연 지음, 김원중 옮김, 을유문화사, 2002
『입당구법순례행기』, 엔닌 지음, 신복룡 번역·주해, 정신세계사, 1991
『한국사 오디세이』 상, 김정환, 바다출판사, 2003
『전라남도지』 제1권, 전라남도지편찬위원회, 1982
『한국민족문화대백과사전』 13, 16, 17, 19, 22권, 한국민족문화대백과사전 편찬부, 한국정신문화연구원, 1996

*청해는 지금의 완도를 말합니다. '완도'라는 지명이 사용되기 시작한 것은 고려 초의 일로, 장보고 당시 이 지역을 이르는 지명으로 달리 알려진 바가 없는 관계로 이 책에서는 편의상 '청해'라는 명칭을 사용하고 있으며, 청해진과 관련된 다른 지명들 역시 오늘날의 명칭을 빌려 쓰고 있음을 밝혀 둡니다.

*이 책에 실린 사진은 소장하고 있는 곳과 저작권자의 허락을 받아 게재했습니다. 저작권자를 찾지 못하여 게재 허락을 받지 못한 사진에 대해서는 확인되는 대로 허락을 받도록 하겠습니다.

토토 역사 속의 만남
섬소년, 바다의 왕이 되다

초판 인쇄 2017년 10월 18일
초판 발행 2017년 10월 25일
글 황영옥 | **그림** 백대승
기획·편집 박설아
마케팅 강백산, 강지연, 김가연
디자인 나무디자인 정계수

펴낸이 이재일 | **펴낸곳** 토토북
주소 04034 서울시 마포구 양화로11길 18 3층(서교동, 원오빌딩)
전화 02-332-6255 | **팩스** 02-332-6286 | **홈페이지** www.totobook.com
출판등록 2002년 5월 30일 제10-2394호
ISBN 978-89-6496-351-7 74810
　　　978-89-6496-266-4 (세트)

ⓒ 황영옥, 백대승 2017

이 책은 저작권법에 의해 보호를 받는 저작물이므로 무단 전재 및 무단 복제를 금합니다.
잘못된 책은 바꾸어 드립니다.

제품명: 섬소년, 바다의 왕이 되다 | 제조자명: 토토북
제조국명: 대한민국 | 전화: 02-332-6255
주소: 서울시 마포구 양화로11길 18, 3층(서교동, 원오빌딩)
제조일: 2017년 10월 25일 | 사용연령: 8세 이상
KC 인증 유형: 공급자 적합성 확인
＊KC마크는 이 제품이 공통안전기준에 적합하였음을 의미합니다.
⚠ 주의 아이들이 책의 모서리에 다치지 않게 주의하세요.